AF475826

COMMENTAIRE

DE LA

SUR LES LOYERS

VOTÉE LE 21 AVRIL 1871

(PROMULGUÉE LE 9 MAI)

PAR

M. VAVASSEUR

OCAT A LA COUR D'APPEL DE PARIS

de la Commission provisoire chargée de remplacer
le Conseil d'État

Prix : 1 Franc.

PARIS

ET LIBRAIRIE GÉNÉRALE DE JURISPRUDENCE

ARCHAL ET BILLARD, IMPRIMEURS-ÉDITEURS

LIBRAIRES DE LA COUR DE CASSATION

Place Dauphine, 27

1871

COMMENTAIRE

DE LA

LOI SUR LES LOYERS

PARIS. — IMPRIMERIE DE J. DUMAINE, RUE CHRISTINE, 2.

COMMENTAIRE

DE LA

LOI SUR LES LOYERS

VOTÉE LE 21 AVRIL 1871

(PROMULGUÉE LE 9 MAI)

PAR

M. VAVASSEUR

AVOCAT A LA COUR D'APPEL DE PARIS

Membre de la Commission provisoire chargée de remplacer
le Conseil d'État

PARIS

IMPRIMERIE ET LIBRAIRIE GÉNÉRALE DE JURISPRUDENCE

COSSE, MARCHAL ET BILLARD, IMPRIMEURS-ÉDITEURS

LIBRAIRES DE LA COUR DE CASSATION

Place Dauphine, 27

1871

INTRODUCTION

Plus que tout autre, ce commentaire doit être simple et clair, car il ne s'adresse pas seulement à des jurisconsultes, mais à tout le monde.

Aux propriétaires et aux locataires, il doit servir de guide pour l'élaboration de leurs transactions amiables. Aux jurys spéciaux, il doit offrir des règles susceptibles d'amener une certaine uniformité dans leurs décisions.

Il sera court, n'ayant qu'un intérêt transitoire, comme la loi elle-même, qui sera oubliée dans quelques mois.

D'ailleurs, pratique plutôt que doctrinal, il devra se référer plus souvent aux préceptes de l'équité naturelle qu'aux principes de la science du droit.

Cependant nul, nous l'espérons, ne dira que c'est une œuvre inutile et surabondante : car jamais loi ne fut plus difficile à faire et ne sera plus difficile à appliquer. Elle a tenté de concilier le droit avec l'équité, et le juge devra faire la part de l'un et de l'autre dans les innombrables cas particuliers qui vont se présenter, conflits douloureux entre concitoyens, tous plus ou moins malheureux ou intéressants, et qui trop souvent agiront sur le cœur du juge au risque de troubler sa raison.

Dans quelle mesure, en effet, le droit commun a-t-il été laissé dans la loi? Qu'est-ce que le droit commun en cette matière, si controversée parmi les plus savants jurisconsultes? Qu'est-ce que l'équité elle-même, sinon l'absence de règles positives, sinon l'arbitraire ?

Rarement il fut plus nécessaire de jeter quelque lumière sur la volonté du législateur, afin d'éclairer la voie, quelque peu indécise et obscure, ébauchée plutôt que tracée devant le juge.

Si celui-ci a été armé d'un large pouvoir, il importe de lui montrer qu'il n'est point omnipotent, et qu'à défaut de textes légaux, il aurait encore à chercher dans sa conscience des bornes à l'exercice de sa juridiction discrétionnaire.

Il ne faut pas que l'œuvre du législateur périsse sous une jurisprudence multiple et confuse; quoiqu'elle soit née d'une inspiration politique, le juge manquerait à sa mission s'il se croyait autorisé à suivre docilement les incitations de ses passions personnelles.

Oui, c'est une loi politique faite pour une situation sans exemple, qui dépasse toutes les prévisions humaines et dont le dénouement ne pouvait guère se trouver dans nos codes. Mais c'est aussi une loi de justice et d'honnêteté, qui n'a pas voulu porter atteinte au droit de propriété ni briser les contrats.

Sans doute il eût été plus commode d'imiter cette dictature qui, sous le nom de Commune, s'est emparée violemment de Paris : remettre à tous indifféremment leur loyer, il ne fallait pas un grand effort d'intelligence, et encore moins de probité, pour trouver cet absurde et inique niveau. De là à libérer tous les débiteurs, il n'y a pas bien loin, et dans cette voie on arriverait assez vite à quelque jubilé révolutionnaire.

Le problème était trop compliqué pour être résolu ou même compris par ces législateurs d'occasion.

Il s'agissait de porter secours aux locataires qui en étaient dignes, mais en causant aux propriétaires le moins de préjudice possible, et sans engager le grand et dangereux principe de la responsabilité de l'État.

Tels étaient les trois termes du problème. La loi votée par l'Assemblée nationale a essayé de les concilier et de les résoudre par un ensemble de moyens divers pouvant se résumer ainsi :

Des délais possibles pour tous les locataires;

Des réductions à ceux qui ont souffert dans leur jouissance commerciale ou industrielle, ou qui ont été contraints de quitter leur habitation;

Une subvention du département pour indemniser

les propriétaires considérés comme les moins riches et les plus exposés à l'insolvabilité de leurs locataires.

Au cours de la discussion, plusieurs critiques se sont produites : on a dit notamment que les propriétaires seraient ainsi mieux protégés que beaucoup de locataires; qu'en dehors des locataires appartenant au commerce et à l'industrie, il s'en trouvait un grand nombre, qui avaient aussi souffert du siége, par exemple, la classe presque toute entière des ouvriers et employés privés de salaires et d'appointements; que cependant ils n'auraient droit à aucune réduction et ne seraient protégés que par leur insolvabilité, ce qui laisse les plus solvables, qui seront souvent les plus intéressants, sous le coup des poursuites du propriétaire; qu'il serait plus conforme à l'égalité comme à l'équité de permettre à tous les locataires de se pourvoir devant le jury (1), sauf à l'État à indemniser tous les propriétaires lésés par ces décisions (2).

Examiner ces critiques serait aujourd'hui peu

(1) Un amendement de MM. Clément et Mortimer-Ternaux demandait que les locations au-dessous de 600 fr. fussent assimilées aux locations commerciales et industrielles, mais il a été rejeté par l'Assemblée, et l'on verra plus loin quel est le sens de ce rejet.

(2) Tel était l'objet d'un amendement présenté et soutenu par M. Villain, et que l'Assemblée n'a pas adopté.

utile, et hors de la portée modeste de ce simple commentaire. Nous n'avons voulu que faciliter la tâche de ceux qui, pour leur propre compte comme parties intéressées, ou, comme jurés, dans l'intérêt de leurs concitoyens, auront à rechercher une application rationnelle de la loi. C'est une nouvelle expérience du jury civil qui va se faire en France, et nous serons heureux si nous avons contribué, par ce travail, à favoriser le fonctionnement de cette juridiction démocratique.

COMMENTAIRE

DE LA

LOI SUR LES LOYERS

VOTÉE LE 21 AVRIL 1871

(PROMULGUÉE LE 9 MAI)

ARTICLE 1er.

Dans les huit jours qui suivront la promulgation de la présente loi, il sera institué dans chacun des quartiers municipaux de Paris et dans les cantons du département de la Seine, un ou plusieurs jurys spéciaux, sous la présidence du juge de paix ou de l'un de ses suppléants, ou d'une autre personne désignée par le président du tribunal civil.

Si, pour l'expédition des affaires, la subdivision du quartier ou du canton paraît nécessaire, il y sera pourvu par un décret du chef du pouvoir exécutif qui déterminera les limites de chacune des sections.

Les jurys spéciaux seront composés, outre le président, de quatre membres, savoir :

Deux propriétaires d'immeubles et deux locataires.

SOMMAIRE.

1. Esprit général de la loi.
2. Nombre des jurys spéciaux.
3. Leur composition.
4. Le greffier est désigné par le président du jury.

1. En instituant une juridiction spéciale, il faut se garder de croire que la loi ait entendu établir pour cette juridiction une législation également spéciale, c'est-à-dire exceptionnelle. Au contraire, la première pensée des auteurs de la loi a été de se conformer, sinon aux dispositions textuelles, du moins à l'esprit général du Code civil. Il est vrai que, lors de la discussion devant l'Assemblée nationale, une vive controverse s'est élevée sur ce qu'il fallait entendre par le droit commun en cette matière, et cette controverse n'a pas reçu de solution précise; mais, ainsi que nous l'expliquerons en commentant l'art. 5, les attributions conférées aux jurys spéciaux ne nous paraissent pas, en général, dépasser les pouvoirs que les tribunaux ordinaires auraient puisés dans les principes généraux du droit.

Nous n'hésitons donc pas à reconnaître, avec les orateurs les plus autorisés, que cette loi a respecté le droit de propriété, qu'elle n'a point brisé les contrats, que ce n'est point une loi révolutionnaire, de faveur ou de charité. Si l'on a pu, sans contradiction, dire qu'elle était une loi politique et d'exception, ce n'est que sous le rapport de la juridiction, ou encore de la subvention accordée par l'État et le département de la Seine.

Les jurys spéciaux auront donc à s'inspirer du sentiment juridique, qui presque toujours se concilie si bien avec celui de l'équité et de l'honnêteté. Ils écarteront le *summum jus*, le droit strict, pour être fidèles à leur mission d'amiables compositeurs. En respectant les principes, ils auront toujours un large pouvoir d'appréciation ; ce pouvoir s'exercera surtout pour la fixation du *quantum* des réductions de loyer ; dans ce domaine, encore si vaste, leur bienveillante intervention saura trouver la solution transactionnelle que les partis auraient vainement cherchée, et leurs sentences mériteront d'être considérées, comme n'étant autre chose que des *transactions imposées par le jury* : tel est le nom que leur donnait à l'avance M. le garde des sceaux lors de la discussion de la loi devant l'Assemblée nationale.

2. Il était impossible de déterminer à l'avance le nombre des jurys spéciaux qui pourraient être nécessaires pour statuer, dans un bref délai, sur les contestations relatives au paiement des termes échus du 1er octobre 1870 au 1er avril 1871.

La loi permet d'en instituer un ou plusieurs dans chacun des quartiers municipaux de Paris et dans les cantons du département. Il y aura donc au moins un jury spécial par quartier et par canton suburbain, et on pourra en organiser plusieurs si le nombre des affaires engagées l'exige.

La loi prévoit même qu'il pourra être nécessaire de subdiviser un quartier ou un canton en plusieurs sections, ayant chacune un ou plusieurs jurys spéciaux. Il doit y être pourvu par un décret ou plus exactement par un arrêté du chef du Pouvoir exécutif.

Ces arrêtés seront rendus sur le rapport du ministre de la justice et nécessairement provoqués par une demande du juge de paix.

3. Les jurys spéciaux se composent d'un président et de quatre membres.

Ces quatre membres sont toujours deux propriétaires d'immeubles et deux locataires désignés conformément aux dispositions de l'art. 2.

Le jury spécial devra être présidé, autant qu'il sera possible, par le juge de paix de l'arrondissement, à Paris, et du canton, dans le département, ou à son défaut, par l'un des suppléants. Mais le nombre des jurys spéciaux sera trop considérable pour que le juge de paix et son suppléant puissent les présider tous, et la loi dispose en conséquence que les jurys spéciaux peuvent aussi être présidés par une autre personne désignée par le président du tribunal civil. Aucune condition de capacité n'est indiquée par la loi comme devant être remplie par les personnes que le président du tribunal civil chargera de cette mission. Mais il nous paraît raisonnable d'exiger d'elles les mêmes conditions de capacité qui nous paraissent requises pour être juré. (V. sur l'art. 2). Seulement il n'est pas nécessaire que la personne désignée pour diriger un jury spécial soit domiciliée dans le quartier ou la subdivision du quartier.

D'ailleurs, il est évident que le choix du président devra porter principalement sur des personnes possédant des connaissances juridiques et ayant l'expérience des affaires.

Les présidents des jurys spéciaux ont voix délibérative, ils sont juges et non simplement directeurs de jury.

4. L'art. 1er ne fait pas mention du greffier.

M. Bozérian a proposé sur ce point un amendement ainsi conçu : « Une personne désignée par le juge de paix remplira les fonctions de greffier. » Cet amendement a été rejeté comme inutile, sur l'observation de M. Leblond, membre de la commission, qui a rappelé que lorsque le greffier du juge de paix est empêché de remplir ses fonctions, le juge de paix choisit lui-même le suppléant de son greffier et lui fait prêter serment. C'est ainsi qu'il sera pourvu par les juges de paix ou présidents des jurys au remplacement des greffiers de la justice de paix.

Article 2.

Immédiatement après la promulgation de la loi, il sera dressé, sur la présentation des juges de paix des vingt arrondissements de Paris et des cantons du département de la Seine, par les soins du président du tribunal civil et du président du tribunal de commerce, conjointement, pour chaque arrondissement municipal et pour chaque canton, deux listes contenant l'une les noms de cent propriétaires, l'autre les noms de cent locataires.

Sur ces listes, le juge de paix, en audience publique, tirera au sort les noms des propriétaires et locataires appelés à former avec lui, ses suppléants, ou les personnes désignées par le président du tribunal civil, les jurys spéciaux.

Lesdits membres seront désignés pour une session de trois jours au plus ; néanmoins, toute affaire commencée devra être jugée par le jury devant lequel elle aura été portée.

En cas de refus non justifié, le juré non comparant sera condamné par le président du jury à une amende de cinq cents francs. Tout juré qui aura fait le service pour une session sera dispensé, sur sa demande, pour la session suivante.

SOMMAIRE.

5. Conditions requises pour être juré.
6. Composition des listes générales des jurés.
7. Publicité de ces listes.
8. Tirage au sort des jurés par le juge de paix. — Jurés supplémentaires.
9. Convocation des jurés. — Notification aux parties du nom des jurés.
10. Une amende est prononcée contre les jurés qui ne comparaissent pas ou refusent de siéger. — Excuses, dispenses, incompatibilités.
11. Les jurés sont récusables, en vertu du droit commun.
12. Difficulté de déterminer le droit commun en cette matière.
13. Le président du jury pourra admettre les récusations autorisées par l'art. 44, C. proc. civ.
15. Récusation des présidents de jurys.
15. Durée des sessions.

5. La loi n'exige expressément des jurés qu'une seule condition, celle d'être propriétaire ou locataire d'un immeuble situé dans le quartier municipal, le canton, ou la subdivision de quartier ou de canton. Mais il n'en faudrait pas conclure que tout propriétaire ou locataire pourra être porté sur la liste des jurés. Il est ainsi absolument impossible qu'on appelle aux fonctions de jurés, des individus ayant encouru des condamnations déshonorantes. A défaut d'un texte spécial, nous pensons qu'on devra se référer, par analogie, aux dispositions de la loi du 3 mai 1841 sur l'expropriation pour cause d'utilité publique et, en conséquence,

ne choisir les jurés que parmi les citoyens inscrits sur la liste électorale ou ayant la capacité requise pour y être inscrits, sauf la condition de résidence.

6. Il y a deux listes de jurés par arrondissement ou canton. L'une contient cent noms de propriétaires, l'autre cent noms de locataires. Ces deux listes sont dressées par les soins du président du tribunal civil et du président du tribunal de commerce sur la présentation des juges de paix. Il semble qu'on ait voulu que, dans le choix des jurés, l'intérêt des propriétaires fût représenté par le président du tribunal civil et l'intérêt des locataires par le président du tribunal de commerce. On verra, en effet, que la plupart des locateurs qui comparaîtront devant le jury, seront des commerçants.

La loi n'indique pas le nombre des candidats que le juge de paix doit présenter. Au cours de la discussion législative, M. *Rivaille* ayant signalé cette lacune à la Chambre, il lui a été répondu par le rapporteur que « si les présidents du tribunal civil et de commerce ne pouvaient pas choisir les noms qu'il leur conviendrait de choisir, parce que la liste ne serait pas assez étendue, ils verraient le juge de paix et lui feraient des observations en ce sens. »

7. Les listes ainsi dressées devront être envoyées au greffe des justices de paix. Elles serviront pour toutes les sessions qu'il sera nécessaire de tenir dans chaque arrondissement. Elles doivent être tenues à la disposition des justiciables qui veulent en prendre communication, et il nous semblerait même désirable qu'elles

fussent affichées dans la salle d'audience de la justice de paix.

8. C'est le juge de paix qui est chargé de faire le tirage au sort des jurés de chaque session sur les listes générales. Il doit y procéder en audience publique, dans la salle de ses audiences. Rien ne s'oppose à ce qu'il tire au sort successivement dans la même séance les jurés de plusieurs sessions. On remarquera que le juge de paix est, dans tous les cas, chargé de cette opération, alors même que le jury doit être présidé non par lui, mais par une personne désignée par le président du tribunal civil.

L'art. 2 n'indique pas combien de jurés le juge de paix devra tirer au sort. Mais il est évident qu'il ne suffirait pas qu'il en tirât quatre, car, à l'audience, quelques-uns peuvent être empêchés ou récusés. Le juge de paix devra donc tirer, outre les quatre jurés, un certain nombre de jurés supplémentaires, quatre, par exemple, pouvant être appelés, dans l'ordre du tirage, à remplacer les premiers.

9. Chaque juré tiré au sort devra recevoir en temps utile, c'est-à-dire au moins un jour à l'avance, une convocation indiquant le jour, l'heure et le lieu de la séance. Il est également nécessaire que les parties reçoivent, au moins un jour à l'avance, notification des noms des jurés, afin qu'elles puissent exercer leurs récusations. Le demandeur devra donc faire cette notification au défendeur, et le juge de paix devra veiller à ce que cette formalité soit observée. D'ailleurs, le plus souvent, en indiquant au demandeur l'audience à la-

quelle il sera autorisé à citer le défendeur, le juge de paix pourra lui communiquer la liste du jury. Le demandeur pourra donc la signifier au défendeur en même temps que l'assignation, ou plus simplement encore l'insérer dans l'exploit d'assignation. La loi n'exigeant pas que la convocation des jurés et la notification de la liste soient faites par exploit d'huissier, il suffira qu'elles soient remises par un agent quelconque, notamment par un agent de la police communale ou autre. C'est ainsi que se font les notifications analogues en matière d'expropriation pour cause d'utilité publique. On pourrait même envoyer ces notifications et convocations par lettres chargées expédiées par le greffier aux destinataires. C'est le mode prescrit par l'art. 751, C. proc. civ.

10. Au jour fixé pour l'audience, le jury est composé des quatre premiers jurés désignés par le sort. S'ils sont non comparants, excusés ou récusés, ils sont remplacés par les jurés supplémentaires dans l'ordre du tirage.

Le juré non comparant ou le juré qui refuse de siéger, sont condamnés par le président à une amende de 500 fr., à moins que l'absence ou le refus ne lui paraissent justifiés.

Les cas d'absence, de maladie et autres empêchements accidentels, seront appréciés par le président d'après les certificats de médecins et autres preuves qui pourront être produites. Disons seulement que les jurés ne devront être excusés que par des motifs très-sérieux. Une seule dispense leur est accordée par la loi. « Tout juré, dit l'art. 2, qui aura fait le service pour une session, sera dispensé, sur sa demande, pour la session suivante. » On ne saurait appliquer ici par analogie toutes les dispenses et incompatibilités édictées par les lois qui ont réglé la composition du jury criminel et celle des deux jurys d'expropriation. Mais les magistrats qui dressent la liste générale, auront nécessairement le soin de porter leur choix sur des personnes qui ne soient ni trop âgées, ni empêchées par un service public, ni dans une situation telle qu'elles ne puissent dignement statuer sur cette sorte de contestations. Et, s'il arrivait qu'une personne sur la liste fût dans le cas d'être dispensée pour une de ces causes, il appartiendrait au président du jury de l'excuser.

11. L'art. 2 ne fait pas mention de la récusation des jurés. Il résulte néanmoins des observations qui ont été échangées sur ce point à la Chambre que les parties auront la faculté de récuser les jurés. Un député a fait remarquer que des causes de reproche ou plutôt de récusation peuvent exister contre quelques-uns des jurés désignés par le sort. — « Les parties, « a-t-il ajouté, ne les récuseront pas arbitrairement, « c'est entendu; mais s'il existe, par exemple, des « liens de parenté entre l'une d'elles et un membre « du jury, il y a là une incompatibilité à laquelle il « serait bon de pourvoir. »

M. *Cochery*. « La récusation des jurés se fera con« formément aux règles de la procédure en matière de « jury d'expropriation. »

M. *Delsol.* « La commission a entendu s'en référer « au droit commun. »

M. *le Président.* « C'est le droit commun. Le droit « commun supplée à tout ce qui n'est pas spécial et « exceptionnel dans la loi. (C'est évident!) »

C'est après ces explications que l'art. 2 fut mis aux voix et adopté.

12. Il y aura donc une récusation, la récusation du *droit commun*. Mais quelle est cette récusation de *droit commun?* Est-ce la récusation *péremptoire* admise pour les divers jurys que nos lois ont institués, jury criminel, jury d'expropriation créé par la loi du 3 mai 1841, jury d'expropriation créé par la loi du 21 mai 1836? — Est-ce la récusation *motivée* que l'art. 378, C. proc. civ., autorise contre *tout juge* dans les cas qu'il détermine? Est-ce la récusation *motivée* que l'art. 44, C. proc. civ., autorise contre le juge de paix dans les cas moins nombreux qu'il indique?

On peut dire que la récusation péremptoire est une condition essentielle de l'institution du jury, qu'elle constitue le droit commun en cette matière. Mais comment pourrait-elle être exercée, en l'absence d'un texte qui fixe le nombre de récusations à exercer par chaque partie?

En vain dirait-on que la loi s'en est référée sur ce point aux lois qui ont institué le jury civil en matière d'expropriation, car, tandis que la loi du 3 mai 1841, art. 34, autorise chaque partie à exercer deux récusations péremptoires, la loi du 21 mai 1836, art. 16, spécialement relative aux expropriations nécessitées par l'ouverture ou le redressement des chemins vicinaux, n'accorde à chaque partie qu'une seule récusation.

La récusation motivée du Code de procédure ne peut pas davantage être directement appliquée aux jurys spéciaux.

L'art. 378, C. proc. civ., dispose bien en termes généraux que *tout* juge peut être récusé par les causes qu'il énumère. Mais, d'une part, l'art. 44 du même Code ne permet la récusation des juges de paix que pour des causes moins nombreuses, en sorte qu'on pourrait plus aisément récuser les membres du jury que son président. Et, d'autre part, les auteurs de la loi du 9 mai 1841, sur l'expropriation publique, ont refusé d'admettre les causes de récusation énumérées par l'art. 378, comme étant trop nombreuses. V. Dalloz, *Jur. gén.*, v° *Expropr. publ.*, n° 466.

L'art. 44, C. proc. civ., ne s'applique qu'au juge de paix. Il serait d'ailleurs, aussi bien que l'art. 378, absolument inapplicable aux jurys spéciaux, si on voulait suivre les formes de procédure qui sont indiquées par les articles suivants. Il aurait donc été nécessaire que la loi indiquât avec plus de précision quel mode de récusation devrait être suivi.

13. A défaut de cette disposition, nous croyons qu'il appartiendra aux présidents des jurys spéciaux d'apprécier assez largement les causes de récusation. Car l'article 2 leur donne le pouvoir d'excuser les jurés empêchés, et l'exercice de ce pouvoir échappe à tout contrôle, soit parce qu'il est discrétionnaire, soit parce

que le recours en cassation n'est ouvert contre les décisions des jurys spéciaux que pour incompétence ou excès de pouvoirs ; et nous croyons qu'il en serait de même pour le pouvoir de récusation.

Les présidents pourraient donc admettre la récusation pour des causes énumérées par l'art. 44, C. proc. civ. ; car cette disposition prévoit à peu près tous les cas où il est vraiment possible de suspecter l'impartialité d'un juge. Et il est naturel de l'appliquer aux membres du jury spécial, puisqu'elle a été écrite pour le juge de paix qui le préside.

Les parties feraient valoir leurs motifs de récusation devant le président au moment de l'appel des jurés. Et le président statuerait sur-le-champ. Le juré récusé serait remplacé par un juré supplémentaire pris dans l'ordre du tirage.

14. Quant au juge de paix lui-même, il ne pourrait être récusé qu'en suivant les formes prescrites par les art. 45 et suiv., C. proc. civ. Et il semble qu'on doive appliquer la même solution à l'égard des présidents de jurys nommés par le président du tribunal civil.

15. Chaque session dure trois jours au plus. Néanmoins elle devra se prolonger au delà de ce terme, s'il est impossible de terminer le troisième jour une affaire commencée. On doit entendre par affaire commencée toute affaire dans laquelle l'une des parties a commencé à exposer au jury sa demande.

ARTICLE 3.

Les séances seront publiques. Les parties auront la faculté de comparaître en personne ou par mandataires ; elles ne pourront, en tout cas, présenter que de simples observations ou conclusions sans procédure ni plaidoirie.

SOMMAIRE,

16. La procédure à suivre est celle établie devant les justices de paix.
17. Formes de l'assignation.
18. Publicité et lieu des séances du jury.
19. Les parties peuvent être représentées par des mandataires. Forme des mandats.
20. Elles peuvent être assistées par des conseils, avocats, avoués, ou autres, à l'exception des huissiers.
21. Forme des sentences du jury.

16. L'art. 3 a voulu réduire à la plus grande simplicité les instances à suivre devant les jurys spéciaux. Toutefois, il ne faut pas prendre à la lettre la disposition portant qu'il n'y aurait ni procédure ni plaidoirie. Il y a, quoi qu'on fasse, une procédure nécessaire, si simple qu'elle soit; et, en effet, il a été expliqué, au cours de la discussion, que les parties se conformeraient aux dispositions qui règlent la procédure devant les juges de paix. (V. les art. 1, 4, 5, 6, 7, 8, 9, 10, 11, 12, 13, 14, 15, 16 et 18, C. proc. civ., 16, 17 et 18 de la loi du 11 avril 1838.)

17. Il y a, d'ailleurs, une première et indispensable formalité de procédure : c'est l'assignation, dont la forme n'est pas réglementée par l'art. 3. D'après le principe ci-dessus posé, nous en concluons que l'assignation devra être donnée dans les formes prescrites pour les citations en justice de paix par l'art. 1, C. proc. civ., et par les art. 16 et 17 de la loi du 11 avr. 1838.

En conséquence, l'assignation sera donnée par huissier, et elle devra contenir les mentions énoncées en l'art. 1er, C. proc. civ. Mais le jury n'étant pas permanent, il serait impossible de se conformer à la disposition de l'art. 18 de la loi du 11 avr. 1838, d'après laquelle les huissiers ne pourront donner aucune citation sans que les parties aient été appelées à comparaître sans frais.

D'ailleurs, les parties pourront toujours se présenter volontairement et sans citation, conformément à l'art. 7, C. proc. civ.

18. Les séances sont publiques. Elles auront lieu naturellement, autant qu'il sera possible, dans le local affecté aux audiences du juge de paix. Mais rien ne s'oppose à ce que les jurys spéciaux siégent dans un autre lieu. Seulement, dans ce cas, il nous paraîtrait convenable qu'une affiche apposée à la porte de la justice de paix fît connaître le siége du jury spécial.

19. Les parties peuvent comparaître en personne ou par mandataires. Mais il sera presque toujours utile que les parties comparaissent en personne. Il s'agit, en effet, en cette matière, moins d'un jugement que

d'un arbitrage, d'une sorte de transaction. Dans la plupart des cas, les explications données par les parties en personne auront plus d'effet. Les mandataires devront nécessairement justifier d'un pouvoir écrit. L'art. 11 de la loi déclarant que les actes de procédure auxquels donnera lieu l'exécution de la loi, seront visés pour timbre et enregistrés gratis, il semble que ces procurations devraient être visées pour timbre et enregistrées gratis. Mais bien qu'il existe en matière d'expropriation publique une dispense conçue dans les mêmes termes, une décision du ministre des finances a interdit à l'administration de l'enregistrement de viser pour timbre et d'enregistrer gratis les procurations données à des tiers par les expropriés. Il n'est donc pas permis d'espérer qu'on puisse épargner aux propriétaires et aux locataires cette dépense minime.

20. Les expressions de l'art. 3, *sans procédure ni plaidoiries*, n'excluent pas les conseils, avocats, avoués ou autres. Elles signifient simplement que le jugement aura lieu sans aucune écriture obligatoire et que les explications des parties ou de leurs représentants devront être brèves. Les avoués pourront donc comparaître devant les jurys comme mandataires des parties, et les avocats assister les parties ou leurs mandataires. Toute personne aura le même droit à l'exception des huissiers, auxquels la loi du 11 avr. 1838 (art. 18) interdit de défendre les parties devant les juges de paix. On verra que l'application de la loi pourra soulever quelquefois des difficultés de fait ou

de droit qui justifieront l'intervention de défenseurs expérimentés.

21. Conformément à la règle suivie par toutes les juridictions, le jury spécial délibère en secret, et la sentence est prononcée par le président en audience publique.

La forme des sentences du jury n'est pas déterminée par l'art. 3. On devra suivre les dispositions du Code de procédure civile, relatives aux décisions des juges de paix, d'autant plus que la diversité des décisions qui peuvent être rendues par le jury spécial ne permettrait guère l'application du système des questions. Les sentences du jury devront donc contenir les mentions dont se compose essentiellement tout jugement, c'est-à-dire la date, les noms des parties, leurs demandes et conclusions, les noms des président et jurés, les motifs de la décision, le dispositif, et la constatation de la comparution des parties ou de leur défaut, de leur audition, de la publicité de l'audience et du secret de la délibération.

ARTICLE 4.

Chacun des jurys spéciaux, dans la circonscription pour laquelle il aura été institué, aura seul compétence, à l'exclusion de toute autre juridiction, à l'effet de statuer conformément aux articles suivants, sommairement comme amiable compositeur, d'une manière définitive et sans appel, sur toutes les contestations entre propriétaires et locataires, relatives aux loyers restant dus pour les termes échus du 1er octobre 1870 jusqu'au 1er avril 1871.

Les parties ne pourront se pourvoir en cassation que pour incompétence ou excès de pouvoir.

Le délai sera de quinze jours, à partir de la notification de la décision, pour ce recours, qui sera formé, notifié, jugé conformément aux prescriptions de l'art. 20 de la loi du 3 mai 1841 sur l'expropriation, et dispensé d'amende.

Lorsqu'une décision aura été cassée, l'affaire sera renvoyée devant un nouveau jury des mêmes quartier, canton ou subdivision. Ce jury sera composé d'autres membres.

L'opposition contre les décisions des jurys spéciaux rendues par défaut sera formée et admise conformément aux art. 20, 21 et 22 du Code de procédure civile.

SOMMAIRE.

22. Éléments divers contenus dans l'art. 4.
23. La compétence des jurys s'étend indistinctement aux locations mobilières et immobilières.
24. Elle s'étend aussi aux contestations entre le principal locataire et le locataire.
25. Mais elle s'applique exclusivement aux contestations relatives aux loyers.
26. La compétence des jurys exclut la juridiction ordinaire.
27. Cette compétence est territoriale.
28. Les jurés statuent comme amiables compositeurs.
29. Les seules voies de recours ouvertes contre les décisions des jurys sont : le recours en cassation et l'opposition.
30. Le pourvoi en cassation est limité aux cas d'incompétence et d'excès de pouvoirs. — Quand y a-t-il incompétence ?
31. Définition de l'excès de pouvoirs.
32. Cas où il y aurait excès de pouvoirs.
33. Le défaut de motifs constituerait-il un excès de pouvoirs ?
34. Les simples violations de la loi ne tomberaient pas sous la censure de la Cour de cassation.
35. Délai du pourvoi en cassation.
36. Comment il doit être formé, notifié et jugé.
37. Formes et délais de l'opposition aux sentences rendues par défaut.

22. L'art. 4 réunit des dispositions très-diverses et qui auraient peut-être dû être formulées dans des articles distincts.

Il détermine la compétence des jurys spéciaux.

Il définit le caractère de cette juridiction, et il indique

quelles voies de recours sont ouvertes contre les décisions des jurys spéciaux.

23. La compétence des jurys spéciaux est rigoureusement limitée « aux contestations entre propriétaires et locataires, relatives aux loyers restant dus *pour les termes échus du* 1er *octobre* 1870 *jusqu'au* 1er *avril* 1871 ».

En s'exprimant ainsi, la loi ne distingue pas, avec raison, entre les locations mobilières et immobilières. En effet, on ne voit pas pourquoi le locataire d'une machine, d'une force motrice, par exemple, ne serait pas traité sur le même pied que le locataire d'un bâtiment.

24. D'un autre côté, quelque restrictive que doive être en général l'interprétation de la loi, on doit reconnaître, par une analogie forcée, que le jury spécial est compétent pour statuer sur les contestations entre principal locataire et locataire, dans les mêmes cas où il serait compétent pour statuer entre un propriétaire et un locataire. La formule exacte serait les contestations *entre locateur et locataire.*

25. En limitant la compétence des jurys spéciaux aux contestations relatives au loyer restant dû pour les termes échus du 1er octobre 1870 jusqu'au 1er avril 1871, la loi n'a pas seulement exclu les contestations relatives à d'autres termes, elle a encore exclu les contestations qui ont pu prendre naissance du 1er octobre 1870 au 1er avril 1871, mais qui ne seraient pas relatives au loyer. Telles sont les contestations relatives à toutes les obligations du locateur et notamment aux réparations, et les contestations relatives à toutes les

obligations du locataire autres que le paiement du loyer. Cette restriction résulte également de cette énonciation de l'art. 4, *à l'effet de statuer conformément aux articles suivants*. Ces articles n'autorisent, en effet, les jurys spéciaux qu'à accorder des réductions de loyer, des délais, ou une limitation du gage.

26. L'art. 4 déclare que le jury spécial aura *seul* compétence. Il s'ensuit qu'aucune autre juridiction ne conserve compétence, en cette matière, concurremment avec le jury. Le jury spécial seul pourra être saisi.

Néanmoins, après que les jurys auront cessé de fonctionner, la juridiction ordinaire serait valablement saisie de questions dont ils auraient dû connaître, mais dont la solution dépendrait certainement du droit commun.

27. Les jurys spéciaux étant institués par quartier, canton, ou section de quartier ou canton, la compétence de chacun est limitée à la circonscription pour laquelle il a été institué. A cet égard, aucune difficulté ne devra se produire, pourvu que la délimitation des circonscriptions soit faite avec soin et qu'elle ne laisse aucun doute sur le point de savoir dans quelle circonscription se trouvent certains immeubles placés sur les limites des deux circonscriptions. Il est évident, en effet, que la loi considère la situation de l'immeuble loué, et non pas le domicile de l'une ou l'autre partie. En quelque lieu que soient domiciliés le locateur et le locataire, ils devront porter leur différend devant le jury spécial de la circonscription dans laquelle se trouve l'immeuble loué.

28. L'art. 4 donne aux jurys spéciaux la qualification d'*amiables compositeurs*. Une discussion s'étant engagée à la Chambre, au sujet de ces expressions, qui paraissaient accorder aux jurys spéciaux la faculté d'accorder aux locataires des avantages auxquels ils ne pourraient prétendre, d'après le droit commun et conformément à l'article suivant, il a été déclaré par M. *Delsol* que tel n'était pas le sens de ces termes. Ils signifient simplement « que les jurys spéciaux examineront, d'une manière souveraine et décideront, sans aucune espèce de recours possible, toutes les circonstances de fait qui se produiront dans les contestations entre propriétaires et locataires. »

29. Les recours que nos lois accordent contre les jugements sont : l'opposition, l'appel, la tierce opposition, la requête civile et la cassation.

L'art. 4 interdit l'appel, limite le recours en cassation et autorise l'opposition, conformément aux art. 20, 21 et 22, C. proc. civ. Les jurys spéciaux n'étant point une juridiction permanente, il serait absolument impossible de procéder devant eux par la voie de la tierce opposition, ni par la voie de la requête civile.

Nous n'avons donc à nous occuper que du recours en cassation, et de l'opposition aux sentences rendues par défaut.

30. Le pourvoi en cassation n'est autorisé que pour deux vices seulement : l'incompétence et l'excès de pouvoirs.

Il y a *incompétence* dans tous les cas où le juge a statué sur une demande que la loi déférait à un autre tribunal. On peut donc se pourvoir en cassation contre les décisions des jurys spéciaux toutes les fois qu'il a été statué contrairement aux règles de compétence qui ont été ci-dessus exposées, et notamment lorsqu'un jury a statué sur une contestation relative à un immeuble situé hors de la circonscription pour laquelle il a été institué, lorsqu'un jury a statué à l'égard de personnes autres que le locateur et le locataire, lorsqu'un jury a statué sur une demande autre qu'une demande en paiement ou en réduction du loyer restant dû pour les termes échus du 1er octobre 1870 jusqu'au 1er avril 1871, à moins que les parties n'aient prorogé, par des conclusions expresses, la juridiction du jury.

31. L'*excès de pouvoirs* est plus difficile à définir, car il se confond aisément avec la simple violation de la loi (1). Néanmoins, la jurisprudence de la Cour de cassation sur des matières analogues, telles que le recours en cassation pour excès de pouvoirs contre les décisions rendues par les juges de paix en dernier ressort, et le recours en cassation pour excès de pouvoirs contre les jugements des conseils de révision, nous permettra de déterminer, avec une précision suffisante, les cas où une décision du jury spécial pourra être cassée pour excès de pouvoirs.

Le juge commet un excès de pouvoirs lorsqu'il ordonne un acte qu'il n'appartenait qu'à une autre autorité de prescrire ou qu'il n'appartenait à aucune autorité de prescrire, parce qu'il est contraire à la loi ou à

(1) *Infrà*, n° 34.

l'ordre public. Il n'arrive peut-être jamais qu'un jury spécial empiète sur le domaine du pouvoir législatif ou sur celui de l'autorité administrative. Mais il pourra arriver quelquefois qu'un jury spécial, sortant du cercle d'attributions que la loi lui a tracé, rende une sentence qu'il n'aurait appartenu qu'aux tribunaux ordinaires de prononcer, ou que ces tribunaux eux-mêmes n'auraient pas pu prononcer sans excès de pouvoirs.

Nous avons déjà dit que les pouvoirs du jury spécial, tels qu'ils sont déterminés par les art. 5 et 6, se bornaient à accorder, suivant les cas, soit des délais n'excédant pas deux ans ou le terme de la location faite par écrit, soit une réduction du loyer restant dû pour les trois termes du 1er octobre 1870 au 1er avril 1871, soit une limitation du gage.

Toutes les fois que le jury spécial prononcera une autre sentence, il excédera donc ses pouvoirs, à moins qu'il n'y ait été autorisé par les parties.

32. Ainsi, il y aura excès de pouvoirs si le jury spécial déclare le bail résilié, hors le cas de prorogation prévu par l'art. 9, s'il augmente ou diminue le prix du bail ou sa durée, s'il modifie quelques-unes de ses conditions, s'il accorde des délais excédant la durée fixée par l'art. 5, s'il prononce la réduction du loyer exigible pour d'autres termes que les termes du 1er octobre 1870 au 1er avril 1871, s'il prononce une remise totale de ces trois termes (1), s'il prescrit des répara-

(1) Car, d'une part, l'art. 4 ne fait mention que des loyers *restant dus* pour les termes du 1er octobre 1870 au 1er avril 1871,

tions, ou toute autre indemnité au profit du locataire ou au profit du propriétaire, comme une association pour le partage des bénéfices futurs, s'il supprime entièrement le privilége ou les droits et actions du propriétaire sur le mobilier (1).

Y aurait-il excès de pouvoirs et non pas simple violation de la loi si le jury spécial accordait une réduction de loyer pour un motif autre qu'une privation matérielle ou intellectuelle de jouissance, résultant du siége, ainsi qu'il sera expliqué sur l'article suivant? Nous pensons qu'il y aurait dans une pareille décision un véritable excès de pouvoirs, car la loi n'a permis au jury de réduire la dette du locataire que par cette seule cause, et non pas pour toute autre cause qu'il pourrait plaire au jury de prendre en considération.

33. Le défaut de motifs dans les sentences du jury constituerait-il un excès de pouvoirs? Non, en général, si l'on s'en rapporte à certains arrêts de la Cour de cassation rendus sur des matières analogues (2). Mais il en serait autrement, à notre avis, lorsqu'il serait impossible de vérifier dans les qualités de la sentence, si le jury s'est renfermé dans les pouvoirs exceptionnels à lui conférés par la loi. Tel serait le cas où le jury aurait accordé une réduction de loyer, sans que la Cour de

---

et, d'autre part, l'art. 5 n'autorise qu'une *réduction*, et non une remise totale, de ces termes. *Infrà*, n°s 53 et 54.

(1) L'art. 6 ne permet qu'une *limitation* et non une suppression de privilége.

(2) V. Not. Req., 10 fév. 1868 (Dalloz, 68.1.422).

cassation pût examiner si la location avait un caractère industriel ou commercial, ou s'il y avait eu privation matérielle de la jouissance.

34. Mais il ne serait pas permis de déférer à la Cour de cassation, sous le nom d'excès de pouvoirs, les simples violations de la loi, soit au fond, soit dans la forme. L'art. 4 doit être considéré, à cet égard, comme rigoureusement limitatif. Et il paraît résulter de la jurisprudence de la Cour de cassation, sur des matières analogues, qu'elle refuse de considérer comme excès de pouvoirs les violations de la loi, même les plus graves, même celles qui intéresseraient l'ordre public, par exemple, en portant atteinte aux garanties les plus nécessaires de la justice.

C'est ainsi qu'il a été jugé qu'on ne devait qualifier d'excès de pouvoirs ni le défaut de motifs (1), ni l'illégalité de la composition du tribunal (2), ni le défaut de publicité des audiences (3).

Mais la Cour de cassation considère comme excès de pouvoirs la violation de la chose jugée (4).

35. Le délai pour se pourvoir en cassation est fixé à quinze jours à partir de la *notification* de la décision, c'est-à-dire de la signification, par huissier, au domicile de la partie.

---

(1) Req., 10 fév. 1868 (D., 68.1.422). V. toutefois ce que nous avons dit, *suprà*, n° 33.

(2) Crim. rej., 17 nov. 1851 (D., 51.1.333).

(3) Crim. rej., 21 sept. 1850 (D., 50.1.335).

(4) Crim. rej., 4 juin 1852 (D., 52.5.73).

36. Le pourvoi doit être formé, notifié et jugé, conformément aux prescriptions de l'art. 20 de la loi du 3 mai 1841, sur l'expropriation. Aux termes de cet article, le pourvoi doit être « notifié dans la huitaine, « soit à la partie, soit au préfet ou au maire..., le tout « à peine de nullité. Dans la quinzaine de la notifica- « tion du pourvoi, les pièces seront adressées à la « chambre civile de la Cour de cassation, qui statuera « dans le mois suivant. L'arrêt, s'il est rendu par « défaut, ne sera pas susceptible d'opposition ».

Il est évident que la notification du pourvoi ne peut être faite, dans la matière présente, ni au préfet ni au maire, et qu'elle doit être faite à la partie elle-même.

37. L'opposition aux sentences par défaut est régie par les art. 20, 21 et 22, C. proc. civ.

En conséquence, elle doit être formée dans les trois jours de la signification faite par l'huissier du juge de paix ou autre qu'il aura commis, par acte d'huissier contenant sommairement les moyens de la partie et assignation au premier jour d'audience. Voy., au surplus, lesdits art. 20, 21 et 22, C. proc. civ.

Article 5.

Les jurys spéciaux auront la faculté d'accorder sur le prix des trois termes de loyers ci-dessus, quelle que soit la nature des locations, des réductions proportionnelles au temps pendant lequel les locataires auront été privés matériellement de la jouissance de tout ou partie des lieux loués.

Si les locations ont un caractère industriel ou commercial, ils pourront accorder des réductions proportionnelles au temps pendant lequel les locataires auront subi, par suite des événements du siége, une privation ou une diminution dans la jouissance industrielle ou commerciale prévue par les parties.

Lorsqu'il n'y aura eu ni diminution, ni altération de jouissance, ils ne pourront accorder que des délais.

Les délais accordés par les jurys spéciaux n'excéderont pas deux ans, à moins que la location faite par écrit ne doive prendre fin qu'après un laps de plus de deux années. Dans ce dernier cas, les délais pourront être étendus à une durée égale à celle de la location, mais les sommes restant dues au delà du terme de deux années seront de droit productives d'intérêt au taux de 5 0/0 l'an.

Les paiements différés pourront être divisés en fractions exigibles à diverses échéances consécutives et réglés en billets à ordre correspondant à ces échéances. Ces billets n'opéreront pas novation et le propriétaire conservera son privilége sur les meubles garnissant les lieux loués.

SOMMAIRE.

38. L'art. 5 ne fait-il qu'une application du droit commun ?
39. Rédactions successives de l'art. 5.
40. Résumé de la discussion législative. — Raisons pour l'affirmative.
41. Raisons pour la négative.
42. Solution dans le sens de l'affirmative.
43. Il y a lieu à réduction du loyer dans les cas de privation ou diminution, soit matérielle, soit intellectuelle, de la jouissance stipulée ou prévue.
44. En quoi consiste la privation matérielle ?
45. Dans les communes suburbaines.
46. Dans l'intérieur de Paris.
47. Questions diverses se rattachant à la privation intellectuelle.
48. Sens des mots : locations *commerciales* et *industrielles*.
49. L'habitation personnelle ne bénéficie pas de la réduction, sauf ventilation en certains cas.
50. Les ouvriers travaillant au dehors, et les employés, n'ont pas droit à la réduction.
51. La jouissance industrielle ou commerciale doit avoir été prévue par les parties.
52. Manières de prouver la privation ou diminution de jouissance. — Avis des chambres syndicales.

53. La privation ou diminution de jouissance doit être une *suite des événements du siége*. — Ce qu'il faut entendre par cette expression.
54. La réduction du loyer doit être proportionnelle à la durée et à l'étendue de la diminution de jouissance.
55. Le locataire n'a jamais droit à une indemnité, mais à une simple réduction de loyer.
56. Les locataires qui ont volontairement quitté leur domicile sont traités comme les autres.
57. Tous les locataires indistinctement peuvent obtenir du jury des délais.
58. Les délais peuvent même se cumuler avec la réduction du loyer.
59. Les paiements différés peuvent être divisés en fractions et réglés en billets à ordre.

38. Pour connaître la pensée qui a inspiré les dispositions de cet article, il est indispensable d'examiner la question suivante qui a tenu une si grande place dans la discussion législative, et qui s'impose également au commentateur, parce que sa solution est de nature à jeter une vive lumière sur les résolutions à prendre par les jurys spéciaux ou par les parties elles-mêmes :

L'art. 5 ne fait-il qu'une application pure et simple du droit commun en matière de louage ?

Oui, incontestablement, quant aux délais que le Code civil permet d'accorder à tout débiteur, sauf le règlement en billets à ordre qui ne pourrait être imposé par les tribunaux ordinaires, surtout pour une dette civile.

Oui encore, quant aux réductions de loyer pour

privation matérielle de jouissance (arg. des art. 1719 et 1722, C. civ.).

Mais la question est plus douteuse lorsqu'il n'y a eu que privation, totale ou partielle, de la jouissance industrielle ou commerciale. Ce n'est là en quelque sorte qu'une privation purement intellectuelle, les lieux ayant continué d'être occupés par le matériel et les marchandises, qui y ont été abritées et conservées. Aurait-on dû, d'après les principes ordinaires, assimiler les deux situations ?

39. Si l'on se reporte aux travaux préparatoires de la loi, on rencontre d'abord le projet du gouvernement. Ce projet distinguait les locataires commerçants et les locataires purement civils. A ces derniers il n'accordait que des délais et une limitation du gage du propriétaire. Les locataires commerçants pouvaient obtenir une réduction n'excédant pas le quart. La commission a proposé un système tout différent.

Le premier projet de la commission était ainsi conçu : « Les jurys spéciaux pourront accorder des réduc-
« tions sur les loyers, *conformément au droit commun*, à
« raison des suppressions, diminutions ou altérations
« de jouissance subies par les locataires. Lorsqu'il n'y
« aura ni diminution, ni altération de jouissance, ils
« ne pourront accorder que des délais.

Plusieurs orateurs ayant contesté que le droit commun autorisât des réductions de loyers dans les cas ainsi prévus, les membres de la commission, tout en soutenant énergiquement leur opinion, ont cru devoir proposer une nouvelle rédaction qui omet cette référence au droit commun. Elle a été acceptée par le Gouvernement, puis adoptée par l'Assemblée.

Ces diverses rédactions, successivement modifiées, laissent apercevoir une grande hésitation dans l'esprit du législateur sur ce qu'on doit entendre par le droit commun en cette matière, et l'on peut encore se demander si la rédaction finale est ou non conforme au droit commun.

40. Lors de la discussion de la loi, on a soutenu l'affirmative en s'appuyant notamment sur l'art. 1769, C. civ., qui permet au juge de consentir au profit du fermier de biens ruraux, en cas de pertes des récoltes, une réduction provisoire sur ses fermages, sauf compensation à la fin du bail entre les bonnes et les mauvaises années. Cet article, a-t-on dit, n'est qu'une application du droit commun, de même que l'art. 1722 qui autorise une diminution sur les loyers en cas de perte partielle de la chose par cas fortuit ou force majeure. Le fermier qui voit sa récolte perdue, est victime d'un cas fortuit ; il doit donc être libéré de son obligation, tout au moins dans une mesure équitable; l'art. 1769 ne crée pas un droit nouveau, et se borne à réglementer cette libération. Dès lors il y a lieu d'appliquer le même principe aux locations urbaines, sauf à laisser à l'appréciation du juge le quantum de la réduction de loyers, la réglementation spéciale de l'art. 1769 ne devant pas être transportée d'un cas à un autre.

On a invoqué dans le sens de cette opinion deux exemples cités par Pothier : suivant l'un, une auberge placée sur une route qui au cours du bail est supprimée par l'autorité; suivant l'autre, un magasin loué dans une ville qui vient à être investie par l'ennemi. Dans l'une et l'autre hypothèse, Pothier admet que la jouissance du locataire est altérée et qu'il lui est dû une réduction du loyer.

41. Mais, pour la négative, on pouvait répondre: que l'art. 1769 avait été placé à dessein parmi les règles spéciales aux baux à ferme, et qu'il fallait l'y laisser; qu'il n'y avait pas analogie parfaite entre la situation du fermier de biens ruraux et celle d'un locataire industriel ou commerçant; que les bénéfices du premier étaient généralement plus uniformes, moins aléatoires et, à cause de cela même, plus limités que ceux du second; que l'industrie et le commerce font entrer le hasard dans leurs calculs, et que des risques même imprévus peuvent bien être laissés à la charge de leurs gros bénéfices. *Ubi emolumentum ibi onus.*

Qu'aux termes de l'art. 1722, le cas fortuit et la force majeure n'exonèrent le locataire que si la chose louée elle-même a péri en tout ou en partie; qu'une simple et passagère altération dans la destination de cette chose ne saurait équivaloir à sa perte; qu'il n'en serait autrement que si la destination avait été garantie par le bailleur, comme dans le cas prévu par l'art. 1719, et que c'est précisément à cette hypothèse que se réfèrent les exemples cités par Pothier, lesquels supposent une affectation conventionnelle de la chose, et dès lors ne sont pas concluants dans la situation actuelle.

42. Cette controverse était assez délicate, et l'on conçoit qu'elle ait divisé les orateurs entendus dans la

discussion de la loi. Pour nous, nous inclinons à croire que le droit commun eût donné aux locataires industriels et commerçants une action en diminution de loyer pendant le siége; car à Paris et dans la banlieue, les locaux qui leur sont loués ont presque toujours cette destination, qui est connue et acceptée par les deux parties. Quelquefois même, une boutique est louée pour y exercer exclusivement tel commerce déterminé; c'est là, on ne saurait en disconvenir, une destination spéciale et réciproquement obligatoire, si bien que le bailleur commettrait une infraction en louant à une industrie rivale une autre boutique de la même maison.

Mais, même en dehors de ce cas, encore assez fréquent, il y a une destination générale résultant de l'appropriation même du local : c'est une boutique, avec une arrière-boutique, un atelier, un magasin, ce sont, en un mot, par l'aspect, par la disposition, par la situation, de véritables locaux industriels, loués comme tels, et à ce titre subissant même un loyer plus élevé. Le propriétaire se crée ainsi une véritable participation dans les bénéfices du locataire; il ne saurait donc équitablement s'exempter des cas fortuits, qui paralysent la destination naturelle de la chose louée, et tarissent la source même des gains sur lesquels ont dû compter les deux parties en contractant.

Si l'art. 1722 accorde une diminution de loyer en cas de perte partielle de la chose, par cas fortuit ou force majeure, il faut interpréter ce terme *la chose, lato sensu*, en ne la séparant pas de son attribut nécessaire, la jouissance stipulée ou prévue; si cette jouissance périt, c'est, au regard du locataire, comme si la chose elle-même périssait.

Il n'y a donc pas à distinguer entre la privation matérielle ou intellectuelle de jouissance. D'ailleurs, la privation que nous appelons intellectuelle aura été le plus souvent, dans une mesure plus ou moins large, parfaitement analogue à la privation matérielle. En effet, l'investissement de Paris a constitué un obstacle absolu à l'accès dans la ville des acheteurs de la province et de l'étranger, comme à l'arrivée des marchandises et matières premières destinées à l'approvisionnement des magasins et fabriques. Tout le commerce d'exportation s'est trouvé annihilé. Les hôtels garnis sont restés sans leurs voyageurs habituels. Toutes les maisons de Paris, sauf le petit commerce de détail et de quartier, ont été atteintes par cette séparation absolue d'avec le reste du monde. Il n'y a qu'une différence du plus au moins, une question de *quantum* à apprécier par le jury.

En résumé, il nous paraît vrai de dire que la loi du 21 avril 1871 n'a pas innové en considérant l'investissement comme un cas de force majeure opposable par les locataires troublés dans leur commerce ou leur industrie (1), et en autorisant dès lors sur les trois

(1) On trouverait aisément dans la jurisprudence des applications du même principe, consacré d'ailleurs, comme on l'a vu par la doctrine de Pothier. — V. Not., Lyon, 27 avril 1860 (D.P., 62.3.6); Paris, 14 avril 1862 (D.P., 62.2.155); Paris, 11 janv. 1866 (D.P., 66.2.243).

termes de loyer une réduction basée « sur la privation « ou diminution dans la jouissance industrielle ou « commerciale prévue par les parties ».

Dans tous les cas et quelle que soit en réalité la législation générale, les dispositions de l'art. 5 sont actuellement la loi des parties, la seule que les jurys spéciaux doivent appliquer, lorsque le texte est clair et précis, sauf à s'inspirer, en cas d'obscurité ou de lacune, des dispositions du droit commun.

43. L'art. 5 autorise le jury à accorder aux locataires des réductions sur le prix des trois termes de loyers dans deux hypothèses : 1° lorsque les locataires auront été privés matériellement de la jouissance de tout ou partie des lieux loués; 2° lorsqu'ils auront subi, par suite des événements du siége, une privation ou une diminution dans la jouissance industrielle ou commerciale prévue par les parties.

Nous avons appelé la privation de jouissance prévue dans ce dernier cas une privation *intellectuelle* de jouissance par opposition à la privation *matérielle* qui est prévue dans le premier cas. Alors, en effet, la privation de jouissance porte sur l'une des qualités que devait avoir la jouissance qui avait été stipulée ou prévue comme devant être industrielle ou commerciale.

Nous rechercherons d'abord dans quel cas il peut y avoir privation matérielle ou intellectuelle de la jouissance. Il nous restera ensuite à indiquer d'après quelles règles devra être fixée la réduction qui est due dans l'un et l'autre cas.

44. Il y a privation matérielle de la jouissance, to-

tale ou partielle, lorsque le locataire n'a pas pu occuper tout ou partie des lieux loués. L'art. 5 ne dit pas expressément, en ce qui concerne la privation matérielle, qu'elle doit avoir pour cause *les événements du siége*. Cette condition n'est écrite que dans le paragraphe relatif à la privation ou diminution dans la jouissance industrielle ou commerciale. Mais, comme la loi du 21 avril-8 mai n'a été votée qu'en vue des contestations auxquelles le siége de Paris donnera lieu, nous croyons qu'on ne pourrait saisir les jurys créés par cette loi d'une demande en réduction de loyer qui serait fondée sur une privation de jouissance ayant une autre cause que les événements du siége de Paris.

La privation de jouissance suppose que le locataire a été contraint de déguerpir, qu'il n'a pas lui-même et sans nécessité déserté son domicile, mais qu'il en a été chassé par la force majeure. Il faudra donc que le locataire justifie qu'il n'a pas volontairement et sans nécessité abandonné les lieux loués, mais qu'il y a été contraint par la force ou par une crainte raisonnable. A ce point de vue, les locataires de la ville et les locataires de la banlieue se sont trouvés dans des situations différentes.

45. Pour ceux de la banlieue, la privation de jouissance a été à peu près générale, et presque partout elle a eu pour cause une nécessité incontestable. Les habitants de la banlieue se sont presque tous réfugiés dans Paris pour obéir aux injonctions ou du moins aux invitations les plus pressantes du gouvernement français. Dans un très-grand nombre de localités, les habita-

tions ont été occupées par l'armée. Plusieurs ont été rendues inhabitables par les projectiles. Il n'est peut-être pas une seule des communes suburbaines dont le séjour pût paraître raisonnablement assez sûr. S'il peut y avoir doute pour quelques-unes, les jurys spéciaux auront à résoudre cette question. Ils devront se demander si la prudence qui doit guider les actions d'un homme sensé conseillait en effet au locataire d'abandonner l'immeuble ou si, en l'abandonnant, il n'a pas cédé à des craintes exagérées et ainsi pris à sa charge les suites de cette désertion volontaire.

46. Dans l'intérieur de Paris, au contraire, cette question sera souvent très-délicate. Il n'y aura aucun doute quant aux maisons qui ont été occupées par ordre de l'autorité militaire, ni même quant aux immeubles atteints par les projectiles. Mais un très-grand nombre d'immeubles abandonnés par leurs locataires n'ont pas été atteints. Quelquefois même le voisinage n'aura pas souffert. « Les jurés apprécieront, a dit M. Léon Say, rapporteur, si les habitants de tel quartier ont dû se sentir suffisamment menacés pour abandonner leur logement et si l'on peut dire en conséquence qu'ils ont été privés de la jouissance. Il est certain que les quartiers qui n'avaient pas été atteints par les bombes pouvaient l'être le lendemain. Pour les locataires de ces quartiers, le jury, appréciant dans le for de sa conscience, pourra dire s'il y a eu privation de jouissance : car si cette privation n'a pas eu lieu, elle était au moins probable. Il n'y a de ce chef aucune faute à reprocher au locataire s'il a voulu mettre sa famille en sûreté en quittant sa

location, alors que les maisons voisines étaient atteintes par les projectiles. »

47. L'étude des cas où se présente une privation ou une diminution dans la jouissance industrielle ou commerciale prévue par les parties, offre des difficultés plus complexes et plus délicates.

Quelles locations peuvent être dites industrielles ou commerciales et, par conséquent, peuvent donner lieu à une privation ou diminution dans la jouissance industrielle ou commerciale?

Quand peut-on dire qu'une jouissance industrielle ou commerciale a été prévue par les parties?

Qu'est-ce qu'une privation ou diminution dans la jouissance industrielle ou commerciale?

Dans quels cas cette privation ou diminution se rencontrera-t-elle?

Dans quels cas proviendra-t-elle des événements du siége?

Telles sont les questions que nous devons examiner.

48. L'expression location *commerciale* pourrait être, à la rigueur, entendue dans le sens juridique du mot *commerçant*, tel qu'il est défini par l'art. 1er, C. comm. Mais, d'une part, il est certain que le législateur n'a pas entendu restreindre le bénéfice de cette disposition et en exclure des locataires qui ne sont pas commerçants d'après la loi, et qui cependant ont souffert des conséquences du siége autant que les commerçants véritables, comme, par exemple, les maîtres de pension, etc. D'autre part, l'expression location *industrielle* n'est pas définie par le Code de commerce et,

en conséquence, peut être très-librement interprétée. Nous n'hésitons donc pas à appliquer la disposition du § 2 de l'art. 5 à des locataires qui ne sont commerçants ni d'après la loi commerciale ni au sens usuel du mot. D'après l'esprit de la loi et d'ailleurs conformément au sens économique du mot *industriel* (1), nous entendons par location industrielle ou commerciale, toute location servant directement à l'exercice d'une industrie quelconque, ce qui comprend les professions libérales, aussi bien que manuelles ou mécaniques (2).

49. Nous disons *directement* pour exclure l'habitation personnelle du locataire. Lorsque cette habitation fait partie du local industriel ou professionnel, il y aura donc lieu à une ventilation, pour ne faire bénéficier de la réduction du loyer que la partie reconnue applicable à l'industrie ou à la profession; c'est une ventilation du même genre qui se fait en matière de contributions mobilières et de patente, pour les avocats, les officiers ministériels, les médecins, les agents d'affaires, les architectes, etc., lorsqu'ils occupent un appartement consacré tout à la fois à leur profession et à leur habitation.

50. Les artisans et ouvriers, travaillant chez eux soit

---

(1) En économie politique, le terme industrie est générique, et l'on dit : l'industrie commerciale, l'industrie agricole, l'industrie libérale, etc.

(2) Au cours de la discussion législative, plusieurs orateurs ont, sans être contredits, assimilé la profession à l'industrie proprement dite. M. Léon Say, dans son Rapport, daté du 24 avril, a fait aussi cette assimilation.

à façon, soit pour leur compte, doivent être considérés comme des industriels, et ils ont droit à une réduction sur leur loyer, mais en observant la ventilation que nous venons d'indiquer pour la partie du local consacrée à leur habitation personnelle.

Quant à ceux qui travaillent au dehors, et aux employés de tout ordre, ils n'y ont pas droit. Un amendement avait été proposé par MM. Clément et Mortimer-Ternaux pour étendre le bénéfice des réductions aux locations de toute nature inférieures à 600 fr.; mais cet amendement a été rejeté par l'Assemblée, à la suite d'une discussion dans laquelle il a été déclaré par M. le garde des sceaux qu'on ne faisait pas une loi de charité, mais de justice.

Quelque intéressante que pût être la situation des travailleurs de cet ordre, le jury serait donc obligé strictement de les renvoyer au droit commun général. Cependant, dans la discussion législative, il a été admis que le rejet de l'amendement de MM. Clément et Ternaux n'avait pas cette signification absolue, sans qu'on expliquât clairement quel en serait le sens relatif. D'où il est permis de penser que le législateur a entendu laisser aux jurys une certaine latitude d'appréciation; et, par exemple, leur permettre en certains cas d'assimiler les ouvriers de fabrique à leurs patrons.

Au surplus, ces petits locataires sont loin d'être dépourvus de toute protection : d'une part, ils recevront souvent quittance intégrale de leurs propriétaires, qui auront plus d'intérêt à accepter l'indemnité d'un tiers offert par l'État et le département qu'à les traduire devant le jury. D'autre part, le jury, s'il était saisi par des propriétaires exigeants, aurait le pouvoir de favoriser le locataire en lui accordant des délais, ou en affranchissant une partie de son mobilier de l'action du propriétaire (1).

51. La jouissance industrielle ou commerciale doit avoir été prévue par les parties. Il n'est pas nécessaire que la destination industrielle ou commerciale du local ait été indiquée dans le bail. Il suffit que le propriétaire ait su, au moment où le bail a été passé, que le preneur louait pour exercer une industrie, un commerce ou une profession. C'est là une question de fait qui sera rarement délicate; car généralement la profession du preneur est exprimée dans les baux. Tout au moins elle est suffisamment manifestée par la nature du mobilier et par l'installation. Peut-être un seul cas se présentera-t-il où l'on pourra dire que la jouissance industrielle ou commerciale n'avait pas été prévue par les parties : celui où le locataire d'un appartement destiné à une habitation bourgeoise l'aurait dans la suite transformé en atelier ou magasin. Dans ce cas, le locataire n'aurait pas droit à une réduction de loyer, et la décision du jury qui l'accorderait, serait susceptible d'être attaquée pour excès de pouvoir (2).

52. La jouissance industrielle ou commerciale consiste dans l'exercice de l'industrie, du commerce, de la profession, du métier. Il y a donc privation ou dimi-

---

(1) *Infrà*, sur l'art. 6.
(2) *Suprà*, n° 31.

nution dans la jouissance industrielle ou commerciale, toutes les fois que l'exercice de l'industrie, du commerce, de la profession, du métier, s'est trouvé annulé ou restreint. Le locataire n'aura donc qu'à prouver qu'il a subi durant le siége une cessation complète ou une diminution d'affaires. Cette preuve pourra être faite par tous les moyens, notamment par la comparaison des livres ou registres, par la notoriété publique ou par tout autre moyen. Les Chambres syndicales, existant à Paris, pourront être utilement consultées, lorsqu'il y aura doute, soit d'une façon générale sur l'importance du préjudice souffert par telle branche de commerce et d'industrie, soit particulièrement à l'occasion de tels cas plus contestés et plus douteux. Un simple avis officieux de leur part suffira pour éclairer les jurys, qui, d'ailleurs ne seront pas liés, bien entendu, par cet avis.

53. L'art. 3 exige, pour qu'il y ait lieu à réduction du loyer, que la privation ou diminution de la jouissance industrielle ou commerciale ait eu lieu par suite des événements du siége. D'où il suit que les locataires n'auront droit, en général, à aucune réduction pour le temps antérieur à l'investissement de Paris; l'investissement ayant eu lieu vers le 18 septembre, ce serait donc à compter de cette époque que la réduction serait calculée. Cependant, dès après la bataille de Sedan, le siége de Paris est devenu certain, et quelques industries ont pu se trouver tout à coup profondément altérées ou même complétement arrêtées; nous croyons que, pour ces industries, le point de départ de la ré-

duction pourrait être équitablement fixé à une date antérieure de quelques jours à celle de l'investissement.

La réduction pourra-t-elle s'étendre au delà de la levée du siége? Les termes et l'esprit de l'art. 5 sont loin de s'y opposer. D'une part, les communications ne se sont rétablies d'abord que très-incomplétement, et, d'un autre côté, les troubles civils qui ont éclaté presque aussitôt pour aboutir à l'insurrection du 18 mars, ont de nouveau porté une grave atteinte au commerce et à l'industrie. Ce sont là deux causes de dommage, dont la première est une suite nécessaire, et la seconde une suite occasionnelle, des événements du siége; l'une comme l'autre, en raison de la mission transactionnelle de jurys spéciaux, pourront être prises en considération pour déterminer la durée de la réduction du loyer.

En nous exprimant ainsi, nous n'entendons rien préjuger sur ce qui serait à décider par les tribunaux ordinaires pour le terme à échoir en juillet 1871. Il n'y a qu'une analogie très-imparfaite entre les deux périodes; dans la seconde, la force majeure, à supposer qu'elle ait existé juridiquement, aurait été en tout cas moins intense que dans la première, et, d'ailleurs, en droit, il ne manquerait pas de personnes qui, s'inspirant du principe de la responsabilité collective des communes en pareil cas, songeraient à l'étendre aux habitants *ut singuli*, et soutiendraient que ceux-ci ne sont pas fondés à invoquer la force majeure, parce qu'ils seraient les auteurs ou les complices, plus ou

3.

moins actifs, du fait préjudiciable. Sans se prononcer sur cette théorie, on ne peut méconnaître que l'application de l'art. 1722 conduirait à ces résultats étranges : ou que le juge devrait en concéder le bénéfice à tous les locataires indistinctement, ou que, se transformant en magistrat instructeur, il établirait des distinctions entre les innocents et les coupables ; dilemme inévitable qui n'est guère de nature à fixer l'esprit du jurisconsulte sur la question que nous posons ici pour la réserver.

54. Dans les deux cas de privation matérielle et de privation intellectuelle de jouissance, la réduction doit être proportionnelle au temps pendant lequel la privation de jouissance a duré, ainsi que nous venons de l'expliquer.

L'article n'ajoute pas, mais il est évident, que la réduction doit être aussi proportionnelle à l'étendue de la privation. Elle sera plus ou moins considérable selon que la privation matérielle aura porté sur tout ou partie des lieux loués, et selon que la jouissance industrielle ou commerciale aura été plus ou moins atteinte.

Toutefois cette proportion ne sera pas toujours et nécessairement une proportion mathématique, car un tel procédé généralisé ferait peser une lourde charge sur la classe entière des propriétaires, et souvent au détriment de l'équité. Il ne sera donc pas défendu aux jurys de s'inspirer de la pensée qui a dicté l'art. 1769 C. civ., en faisant entrer pour une certaine mesure, dans leurs appréciations et leurs calculs, les bénéfices réalisés jusque-là par le locataire dans le local loué, comme ceux qu'il peut raisonnablement espérer d'y faire dans l'avenir. Si les règles fixes et absolues posées par cet article ont été écartées, il est permis d'en retenir l'esprit comme paraissant conforme à celui de la loi nouvelle.

Mais nous pensons que les jurys ne devront entrer dans cette voie qu'avec circonspection. Dans la délicate mission qui leur est confiée, ils risqueront souvent de s'égarer dans l'arbitraire, et ils auront surtout à se mettre en garde contre des sentiments d'autant plus trompeurs qu'ils seront plus honorables. C'est ainsi qu'ils devront, quoi qu'il en coûte, bannir de leur esprit toute considération personnelle sur la situation actuelle de fortune ou de pauvreté, soit du locataire, soit du propriétaire, en tant que cette fortune proviendrait d'une source étrangère à la location litigieuse. Ce n'est pas le cas d'appliquer un décret rendu, dans une situation analogue, par l'Assemblée nationale, le 11 août 1792, décret qui accordait des indemnités aux citoyens français ayant souffert de l'invasion ennemie, en proportionnant ces indemnités « à la fortune restant aux citoyens lésés, à leurs besoins, et aux pertes éprouvées ». Car les jurys n'oublieront pas que c'est l'Etat qui faisait ainsi acte de bienfaisance ou de générosité, et que les propriétaires bailleurs ne peuvent équitablement être condamnés à d'autres sacrifices qu'à une perte de loyer résultant de la force majeure.

55. Le locataire, victime de la force majeure, n'a jamais droit en effet à une indemnité, mais à une simple diminution de loyer (art. 1722., C. civ.). Il doit

donc seul supporter toutes les pertes industrielles qui en sont résultées, quelle qu'en soit l'importance, et le jury ne doit s'en préoccuper que pour déterminer la réduction proportionnelle du loyer, en comparant cette situation accidentelle avec la situation normale des affaires du locataire.

Par la même raison, celui-ci ne peut réclamer les frais de déplacement de son mobilier, qu'il aurait voulu soustraire au bombardement, aux ravages de l'ennemi.

56. Les locataires qui ont volontairement quitté leur domicile pendant le siége, doivent être traités sur le même pied que les autres. Cette circonstance ne peut leur être opposée, et à l'inverse, ils ne peuvent l'invoquer eux-mêmes, pour modifier la solution qui serait intervenue à leur égard s'ils avaient été présents (1).

57. Lorsqu'il n'y a ni diminution, ni altération de jouissance, les jurys spéciaux ne peuvent accorder que des délais. Dans ce cas, le jury n'a aucune distinction à faire entre les locataires industriels ou commerçants et les autres. Pour la concession de ces délais, il doit prendre en considération la gêne des locataires, quelle qu'en soit la cause; il peut aussi, quoique à un degré moindre, avoir égard à la situation du propriétaire.

On ne pouvait permettre au jury de concéder aux locataires des délais illimités. La loi dispose qu'ils ne devront pas excéder deux ans, à moins que la location faite par écrit ne doive prendre fin qu'après un laps

---

(1) *Suprà*, n° 44.

de plus de deux années. Le point de départ de ces deux ans sera le jour même de la sentence.

Si la location écrite ne prend fin qu'après les deux années, les délais accordés peuvent avoir une durée égale à celle de la location. Mais, à compter de l'expiration de ces deux années, le locataire doit l'intérêt à cinq pour cent des sommes encore dues à ce moment.

58. Le locataire qui a obtenu une réduction de loyer peut-il encore demander des délais pour la somme qu'il redoit ? Oui, quoique le texte semble d'abord contraire à cette opinion ; mais, d'une part, il n'est pas rédigé en termes exclusifs, et, d'autre part, la concession de délais de grâce en faveur de tous les locataires malheureux est dans l'esprit de cette loi spéciale en même temps qu'elle est conforme au droit commun (1).

59. L'art. 5 ajoute que les paiements différés pourront être divisés en fractions exigibles à diverses échéances consécutives et réglés en billets à ordre correspondant à ces échéances. Le règlement des paiements différés en billets à ordre sera très-utile au propriétaire qui pourra essayer de négocier ces valeurs et de les réaliser avant leur échéance. Néanmoins les jurys devront tenir compte de l'observation de M. Bozérian, qui a fait remarquer dans la discussion qu'il ne faudrait pas contraindre les locataires non commerçants à souscrire des billets à ordre. Les jurys devront surtout s'abstenir

(1) Art. 1266, C. civ.

d'user de la faculté que la loi leur donne à cet égard envers les personnes qui, comme les magistrats, les avocats et quelques autres, ne peuvent, d'après des règles traditionnelles, contracter aucun engagement commercial.

Les billets souscrits par le locataire n'opèrent pas novation, et le propriétaire conserve son privilége sur les meubles garnissant les lieux loués.

ARTICLE 6.

Les jurys spéciaux pourront limiter l'exercice du privilége ou les droits et actions du propriétaire sur une partie déterminée et suffisante du mobilier garnissant les lieux loués et servant de gage spécial à sa créance.

Si le locataire quitte les lieux loués avant le complet paiement des termes encore dus, sans fournir une caution jugée suffisante par le juge de paix, le propriétaire pourra réaliser le gage affecté à sa créance.

SOMMAIRE.

60. Le jury peut limiter les droits et actions du propriétaire sur une partie du mobilier garnissant les lieux loués.
61. Le locataire peut quitter les lieux loués et emporter tout son mobilier avant le complet paiement des termes encore dus en fournissant une caution.
62. La solvabilité de la caution est appréciée par le juge de paix.

60. Aux termes de l'art. 2102, C. civ., le propriétaire a un privilége sur tout le mobilier garnissant les lieux loués. En vertu de ce droit il peut faire vendre le mobilier du locataire, et il prime, dans la distribution du prix de vente, presque tous les créanciers du locataire. On a cru qu'il pouvait être utile d'autoriser le jury à limiter les droits du propriétaire tant envers le

locataire qu'envers ses créanciers, à une partie déterminée et suffisante du mobilier. Le locataire qui n'aura pas payé les termes arriérés pourra toujours emporter le surplus de son mobilier.

61. Mais cette disposition n'a pas paru suffisante pour le cas assez fréquent où le locataire devait quitter les lieux très-peu de temps après le 1er avril. Sur la demande de divers députés, la commission a ajouté au projet primitif un second paragraphe qui autorise le locataire à quitter les lieux loués et à emporter son mobilier avant le complet paiement des termes encore dus, à la condition de fournir une caution jugée suffisante par le juge de paix.

62. Le locataire qui aura à quitter les lieux avant le complet paiement des termes encore dus, devra donc s'adresser au juge de paix pour faire agréer par lui la caution. Tout le monde sait qu'on appelle caution la personne qui répond envers le créancier du paiement de la dette. Si la caution proposée paraît suffisante au juge de paix, le locataire est autorisé à déménager tout son mobilier. Dans le cas contraire, il ne pourrait emporter la partie à laquelle le gage du propriétaire aurait été restreint, et le propriétaire pourrait ou bien retenir le gage ou le réaliser immédiatement.

Il est entendu qu'il ne s'agit que des trois termes de loyer d'octobre 1870 à avril 1871.

Si le locataire quitte, il garde le bénéfice de la réduction, mais il perd les délais et il doit payer ou donner caution.

Donc si le locataire a continué de rester après le

mois d'avril 1871, il ne jouit de la faculté de donner caution que pour les loyers courus jusque-là. Il devra payer les loyers ultérieurs.

Article 7.

A défaut de se libérer de l'une des fractions exigibles à l'échéance réglée par les jurys spéciaux, et après quinze jours de retard, le locataire perdra le bénéfice des termes qui lui auront été accordés, le bail sera résilié de plein droit au profit du propriétaire, qui pourra, s'il veut se prévaloir de cette résiliation, réaliser le gage conformément au droit commun, et rentrer en possession des lieux loués, en vertu d'une simple ordonnance de référé, que le bail soit authentique, privé, ou purement verbal.

SOMMAIRE.

63. A défaut de paiement d'une seule fraction, le locataire est déchu des délais, et le bail est résilié de plein droit.
64. Sens de ces mots : *de plein droit, au profit du propriétaire.*
65. Mais le locataire ne perd pas le bénéfice des réductions que le jury lui a accordées.
66. Constatation de la réclamation à l'échéance.
67. Le propriétaire peut dans tous les cas réaliser le gage et rentrer en possession des lieux loués en vertu d'une simple ordonnance de référé.

63. Après avoir accordé aux locataires la faveur des délais exceptionnels, le législateur pouvait se montrer sévère envers les locataires qui ne tiendraient pas leurs

nouveaux engagements. D'après l'art. 7, il suffit que le locataire ait manqué de se libérer de l'une des portions exigibles à l'échéance réglée par les jurys spéciaux. Après quinze jours de retard, le locataire perd le bénéfice des termes qui lui avaient été accordés, et le bail est résilié de plein droit au profit du propriétaire.

64. De ce que la résiliation a lieu de plein droit, il ne s'ensuit pas qu'il soit inutile que le propriétaire la fasse prononcer par le juge, si le locataire conteste l'existence de cette résiliation. En cas de désaccord, il faut toujours recourir à la justice. Mais lorsqu'il s'agit d'une résiliation de plein droit, le juge ne peut pas se dispenser de la prononcer, eu égard aux circonstances, dès qu'il reconnaît l'existence des conditions requises par la loi. Ainsi, toutes les fois que le locataire n'aura pas payé l'une des échéances fixées par le jury, après quinze jours de retard, le juge devra prononcer la résiliation, alors même que le retard du locataire pourrait paraître excusable. La résiliation a lieu au profit du propriétaire. En conséquence, elle n'a lieu que si le propriétaire le veut bien. S'il préfère le maintien du bail, le locataire sera obligé d'en continuer l'exécution.

65. Mais, en aucun cas, le locataire ne perd le bénéfice de la réduction que le jury a pu lui accorder en même temps que des délais. La réduction n'est pas en effet, comme le terme, une faveur accordée à un débiteur malheureux. Elle est un droit résultant de la privation de jouissance. Le locataire ne doit pas et n'a jamais dû la partie du loyer dont le jury l'a déchargé, conformément à l'art. 5.

66. Le retard de quinze jours exigé par notre article doit évidemment être constaté d'une manière certaine. Il semble qu'il ne puisse l'être que par un visa du locataire sur le titre indiquant le jour de la présentation, ou par un acte d'huissier, une sommation de payer, une sorte de protêt.

67. La dernière disposition de l'art. 7 accorde au propriétaire des facilités particulières pour réaliser le gage, c'est-à-dire pour faire vendre le mobilier ou la partie de mobilier qui garantit le paiement du loyer, et pour rentrer en possession des lieux. Dans tous les cas, que le bail soit authentique, privé ou purement verbal, il lui suffira d'obtenir une ordonnance de référé.

Article 8.

Dans le cas où le département de la Seine, qui y est d'avance autorisé, consentirait à payer à tous les propriétaires de logements dont le prix annuel est de six cents francs ou moins, le tiers de ce qui leur restera dû par les locataires sur les termes échus en octobre 1870, janvier et avril 1871, sous la double condition que les propriétaires donneront quittance définitive du surplus et maintiendront leurs locataires en possession pour le terme d'avril à juillet prochain, l'État participera pour un tiers à ces paiements, sans que cette participation puisse dépasser dix millions de francs.

Les locataires qui auront profité du bénéfice du paragraphe précédent devront acquitter exactement le montant du terme de juillet 1871 à son échéance, sous peine d'expulsion sans congé préalable et sur simple ordre du juge de paix.

Les propriétaires ou les locataires qui feraient de fausses déclarations dans le but d'obtenir ou de faire obtenir une indemnité supérieure à celle à laquelle les propriétaires auront droit seront poursuivis devant les tribunaux correctionnels et passibles des peines portées à l'art. 405 du Code pénal. L'art. 463 du Code pénal sera applicable.

Les propriétaires qui n'accepteraient pas ce règlement devront porter leurs réclamations devant les jurys spéciaux, conformément aux articles précédents.

SOMMAIRE.

68. Esprit de cette disposition.
69. Une indemnité d'un tiers est payée par le département de la Seine aux propriétaires de logements dont le prix annuel est de 600 fr. ou moins.
70. Par prix annuel il faut entendre le loyer réel.
71. Les propriétaires qui reçoivent l'indemnité sont tenus de délivrer à leurs locataires une quittance définitive.
72. Les locataires doivent acquitter exactement le terme de juillet 1871, à peine d'expulsion.
73. Peine des fausses déclarations.
74. Les dispositions pénales de l'art. 8 s'appliquent au cas où les parties auraient faussement réduit un loyer de plus de 600 francs dans le but d'obtenir une indemnité à laquelle ils n'auraient pas eu droit.
75. Les propriétaires qui n'acceptent pas ce règlement doivent porter leurs réclamations devant les jurys spéciaux.

68. Le législateur a cru qu'il était nécessaire de dispenser du paiement des trois termes d'octobre 1870 à avril 1871, l'immense majorité des locataires de logements dont le prix annuel est de 600 fr. ou moins. Le plus grand nombre de ces locataires n'auraient droit à aucune réduction, parce qu'ils n'ont subi aucune priva-

tion de jouissance, dans les termes du droit commun et de l'art. 5 de la loi. Il fallait donc ou bien libérer ces locataires par une disposition législative, ou bien déterminer les propriétaires à faire remise de ces termes. Le premier moyen a paru absolument hors du pouvoir du législateur. On a donc appliqué le second. On a proposé d'abord une disposition d'après laquelle la loi obligeait le département de la Seine à payer en argent ou en obligations aux propriétaires de logements dont la valeur annuelle est de 600 fr., la moitié de ce qui leur restera dû par les locataires sur les termes échus en octobre 1870, janvier et avril 1871, sous la double condition énoncée au présent article.

Mais après une discussion que nous n'avons pas besoin de rappeler, ce projet a subi deux modifications importantes.

L'Assemblée a pensé qu'elle n'avait pas le droit d'obliger le département de la Seine à faire une dépense semblable. Elle s'est donc bornée à engager le département de la Seine à consentir à cette dépense en lui accordant, dans ce cas, une subvention de l'État jusqu'à concurrence d'un tiers, sans que cette participation puisse dépasser dix millions.

D'autre part, on a cru qu'il suffirait d'accorder aux propriétaires une indemnité du tiers et non de moitié. La grande majorité des locataires de cette catégorie étant aujourd'hui insolvables, on a supposé que presque tous les propriétaires s'estimeraient fort heureux de recevoir le tiers de leurs loyers.

69. La principale disposition de cet article peut donc

se résumer ainsi : le département de la Seine est, d'avance, autorisé à payer à tous les propriétaires de logements dont le prix annuel est de six cents francs ou moins, le tiers de ce qui leur restera dû, par les locataires, sur les termes échus en octobre 1870, janvier et avril 1871. Et si le département de la Seine consent à se soumettre à cette obligation, l'État participera pour un tiers jusqu'à concurrence de dix millions. Il nous suffira de rechercher à quels propriétaires et sous quelles conditions cette indemnité est accordée.

70. L'indemnité n'est accordée qu'aux propriétaires de logements dont le prix annuel est de 600 fr. Par prix annuel il faut entendre le loyer réel, tel qu'il est payé par le locataire, et non pas le prix auquel il est réduit, suivant l'usage, par l'administration des contributions directes pour la perception de l'impôt. Les termes de la loi ne peuvent pas avoir un autre sens, et il a été déclaré formellement, dans la discussion, qu'il s'agissait du prix réel.

On devra bien remarquer que le prix annuel de 600 fr. est un maximum; qu'en conséquence, l'indemnité ne peut être payée pour un logement dont le prix annuel est de 601 fr. Il faudrait, pour prétendre à l'indemnité, réduire ce prix à 600 fr., contrairement à la vérité, et on s'exposerait alors aux peines édictées par l'avant-dernier paragraphe de l'art. 8.

71. Les propriétaires qui reçoivent l'indemnité payée par le département devront donner quittance définitive et maintenir leurs locataires en possession pour le terme d'avril à juillet prochain. Le locataire a le droit

d'exiger une quittance définitive, car, en réalité, son loyer a été payé pour lui, sinon par lui.

72. Une obligation, qui sera peut-être bien souvent illusoire, est également imposée aux locataires. S'ils ont le droit de rester dans les lieux jusqu'au terme de juillet, ils devront acquitter exactement le montant du terme de juillet 1871 à son échéance, sous peine d'expulsion sans congé préalable et sur simple ordre du juge du paix.

73. Les fausses déclarations des propriétaires et locataires, étant toujours appuyées et accompagnées de démarches diverses, auraient probablement constitué le délit d'escroquerie par l'art. 405, C. proc. La loi a levé tous les doutes à cet égard en disposant expressément que les peines portées en l'art. 405, C. pén., seront applicables aux propriétaires et aux locataires qui auront fait de fausses déclarations dans le but d'obtenir une indemnité plus élevée que celle à laquelle ils auraient eu droit. Les peines édictées par l'art. 405, C. pén., sont l'emprisonnement de un à cinq ans, et l'amende de 50 fr. au moins et 3,000 fr. au plus. L'art. 463, C. pén., étant déclaré applicable, les tribunaux correctionnels pourront réduire les peines prononcées par l'art. 405, C. pén., conformément à cet article.

74. D'après la rédaction de ce paragraphe, on pourrait croire que la fausse déclaration qui aurait pour but, non pas de faire obtenir une indemnité supérieure à celle à laquelle le propriétaire aurait droit, mais de lui faire obtenir une indemnité à laquelle il n'aurait aucun droit, parce que le prix annuel du loyer dépasse-

rait 600 fr., ne serait pas prévue et punie par l'art. 8. Mais nous croyons qu'on peut très-bien, par voie d'interprétation, étendre à ce cas la disposition de l'art. 8, d'autant plus que cet article n'est qu'une confirmation du droit commun.

75. Les propriétaires qui n'accepteraient pas le règlement qui leur est ainsi offert, ne pourraient que porter leurs réclamations devant les jurys spéciaux. Dans ce cas, les locataires pourront toujours obtenir des délais et une limitation du gage du propriétaire. Mais ils n'auront droit à une réduction que lorsqu'ils se trouveront dans les conditions indiquées plus haut par l'art. 5.

ARTICLE 9.

Les contestations relatives à la résiliation des baux par l'effet de la force majeure, seront portées devant les tribunaux ordinaires.

Néanmoins, les parties intéressées qui auront saisi les jurys spéciaux de la question d'indemnité pourront, si elles sont d'accord, donner à ces jurys, par voie d'extension de leur compétence, le droit de statuer sur la résiliation du contrat de louage.

SOMMAIRE.

76. Utilité de cette disposition.
77. Pour justifier la résiliation, la privation de jouissance doit être permanente ou du moins suffisamment durable.
78. Mais dans un grand nombre de cas, il est de l'intérêt des deux parties que le bail soit résilié ou le loyer réduit.
79. Si le jury est saisi de la question de résiliation, il sera présumé avoir reçu des parties une grande latitude d'appréciation.

76. Plusieurs députés ont demandé que les contestations relatives à la résiliation des baux fussent portées devant les jurys spéciaux. La plupart ont soutenu en même temps qu'il serait juste de prononcer la résiliation du plus grand nombre des baux passés à Paris antérieurement aux événements de la dernière guerre. L'Assemblée n'a pas approuvé cette sorte de liquida-

tion générale, et elle a refusé de remettre aux jurys spéciaux le jugement de questions aussi graves. En conséquence, l'art. 9 déclare que les contestations relatives à la résiliation des baux par l'effet de la force majeure seront portées devant les tribunaux ordinaires. Il ajoute cependant que les parties pourront donner à ces jurys, par voie d'extension de leur compétence, le droit de statuer sur la résiliation du bail. Cette disposition n'était pas nécessaire pour permettre aux parties de soumettre volontairement les questions de résiliation au jury comme à un arbitre. Mais elle était indispensable pour obliger les jurys spéciaux à accepter cette extension de leur compétence. En outre, il n'était pas inutile que l'Assemblée manifestât son désir de voir les parties remettre aux jurys le jugement de ces sortes de contestations.

77. Les demandes en résiliation des baux passés antérieurement au siége, à raison du trouble apporté dans les affaires du locataire par les événements du siége, seraient rarement justifiées par le droit commun. La résiliation du contrat de louage suppose en effet un trouble, une privation ou altération de la jouissance qui soit permanente ou au moins suffisamment durable. Une privation de jouissance passagère ne peut donner lieu qu'à une réduction du loyer.

78. Mais dans un très-grand nombre de cas l'équité et l'intérêt bien entendu du propriétaire lui-même lui conseillent de consentir à une résiliation de bail ou à une diminution du loyer. Un très-grand nombre de locataires commerçants ou industriels vont se trouver

dans l'impossibilité de payer à l'avenir les loyers énormes qu'ils avaient souscrits avant la guerre de 1870. Si ces loyers ne sont pas réduits, ils seront certainement ruinés au grand détriment du propriétaire qui pourra subir des pertes sur ses loyers échus ou à échoir et qui presque toujours ne trouvera pas un nouveau locataire, même en réduisant le loyer dans une très-grande mesure.

79. On peut supposer que les propriétaires qui consentiront à laisser le jury statuer sur la question de résiliation consentiront à ce qu'elle soit examinée à ce point de vue et en dehors des règles strictes du droit commun.

Article 10.

Les locataires qui n'auront pas réclamé le bénéfice de la présente loi avant le 1er juillet 1871, par une déclaration au greffe de la justice de paix de leur arrondissement ou canton, seront tenus au paiement total de leurs loyers.

Les propriétaires qui, dans le même délai, n'auront pas saisi le jury spécial de leur demande, conformément au dernier paragraphe de l'art. 8, seront réputés avoir accepté le règlement déterminé par les deux premiers paragraphes du même article.

SOMMAIRE.

80. Le délai pour réclamer le bénéfice de la loi accordé aux propriétaires et locataires est fatal.

81. En cas de déchéance encourue, la demande des locataires serait recevable par les voies ordinaires.

80. Il importe que la situation des propriétaires et des locataires soit réglée le plus tôt possible. C'est pour que ce résultat soit plus facilement atteint que l'art. 10 fixe le délai très-rapproché dans lequel les propriétaires et les locataires devront déclarer qu'ils réclament le bénéfice de la loi du 21 avril.

Ce délai est fatal, et aucun acte ne pourrait couvrir

la déchéance encourue, soit par les locataires, soit par les propriétaires.

81. La déchéance n'aurait pas pour résultat de priver les locataires du droit de demander, selon les cas, soit des délais de grâce pour se libérer, soit même des réductions de loyer, si, comme nous croyons l'avoir démontré sous l'art. 5, ce sont là des dispositions empruntées par la loi spéciale au droit commun. Mais la demande serait alors soumise aux règles ordinaires de la procédure, de la compétence et de la juridiction.

Article 11.

Les actes de procédure et les sentences auxquels donnera lieu l'exécution de la présente loi seront visés pour timbre et enregistrés gratis.

82. Cet article ne paraissant donner lieu à aucune difficulté digne d'être signalée, nous nous bornons à ce que nous avons dit plus haut sur le timbre et l'enregistrement des pourvois (sur l'art. 3, nº 19).

FIN DU COMMENTAIRE.

LOI SUR LES LOYERS

VOTÉE LE 21 AVRIL 1871

(PROMULGUÉE LE 9 MAI)

Art. 1er. Dans les huit jours qui suivront la promulgation de la présente loi, il sera institué dans chacun des quartiers municipaux de Paris et dans les cantons du département de la Seine, un ou plusieurs jurys spéciaux, sous la présidence du juge de paix ou de l'un de ses suppléants, ou d'une autre personne désignée par le président du tribunal civil.

Si, pour l'expédition des affaires, la subdivision du quartier ou du canton paraît nécessaire, il y sera pourvu par un décret du chef du pouvoir exécutif, qui déterminera les limites de chacune des sections.

Les jurys spéciaux seront composés, outre le président, de quatre membres, savoir :

Deux propriétaires d'immeubles et deux locataires.

Art. 2. Immédiatement après la promulgation de la loi, il sera dressé, sur la présentation des juges de paix des vingt arrondissements de Paris et des cantons du département de la Seine, par les soins du président du tribunal civil et du président du tribunal de commerce conjointement, pour chaque arrondissement municipal et pour chaque canton, deux listes contenant l'une les noms de cent propriétaires, l'autre les noms de cent locataires.

Sur ces listes, le juge de paix, en audience publique, tirera au sort les noms des propriétaires et locataires appelés à former avec lui, ses suppléants ou les personnes désignées par le président du tribunal civil, les jurys spéciaux.

Lesdits membres seront désignés pour une session de trois jours au plus; néanmoins toute affaire commencée devra être jugée par le jury devant lequel elle aura été portée.

En cas de refus non justifié, le juré non comparant sera condamné par le président du jury à une amende de cinq cents francs. Tout juré qui aura fait le service pour une session sera dispensé, sur sa demande, pour la session suivante.

Art. 3. Les séances seront publiques. Les parties auront la faculté de comparaître en personne ou par mandataires; elles ne pourront, en tout cas, présenter que de simples observations ou conclusions sans procédure ni plaidoirie.

Art. 4. Chacun des jurys spéciaux dans la circonscription pour laquelle il aura été institué, aura seul compétence à l'exclusion de toute autre juridiction, à l'effet de statuer conformément aux articles suivants, sommairement comme amiable compositeur, d'une manière définitive et sans appel sur toutes les contestations entre propriétaires et locataires, relatives aux loyers restant dus pour les termes échus du 1er octobre 1870 jusqu'au 1er avril 1871.

Les parties ne pourront se pourvoir en cassation que pour incompétence ou excès de pouvoir.

Le délai sera de quinze jours, à partir de la notification de la décision, pour ce recours qui sera formé, notifié, jugé conformément aux prescriptions de l'article 20 de la loi du 3 mai 1841 sur l'expropriation, et dispensé d'amende.

Lorsqu'une décision aura été cassée, l'affaire sera renvoyée devant un nouveau jury des mêmes quartier, canton ou subdivision. Ce jury sera composé d'autres membres.

L'opposition contre les décisions des jurys spéciaux rendues par défaut sera formée et admise conformément aux articles 20, 21 et 22 du Code de procédure civile.

Art. 5. Les jurys spéciaux auront la faculté d'accorder sur le prix des trois termes de loyers ci-dessus, quelle que soit la nature des locations, des réductions proportionnelles au temps pendant lequel les locataires auront été privés matériellement de la jouissance de tout ou partie des lieux loués.

Si les locations ont un caractère industriel ou commercial, ils pourront accorder des réductions proportionnelles au temps pendant lequel les locataires auront subi, par suite des événements du siége, une privation ou une diminution dans la jouissance industrielle ou commerciale prévue par les parties.

Lorsqu'il n'y aura eu ni diminution, ni altération de jouissance, ils ne pourront accorder que des délais.

Les délais accordés par les jurys spéciaux n'excéderont pas deux ans, à moins que la location faite par écrit ne doive prendre fin qu'après un laps de plus de deux années. Dans ce dernier cas, les délais pourront être étendus à une durée égale à celle de la location, mais les sommes restant dues au delà du terme de deux années, seront de droit productives d'intérêt au taux de 5 0/0 l'an.

Les paiements différés pourront être divisés en fractions exigibles à diverses échéances consécutives et réglés en billets à ordre correspondant à ces échéances. Ces billets n'opéreront pas novation, et le propriétaire conservera son privilége sur les meubles garnissant les lieux loués.

Art. 5. Les jurys spéciaux pourront limiter l'exercice du privilége ou les droits et actions du propriétaire sur une partie déterminée et suffisante du mobilier garnissant les lieux loués et servant de gage spécial à sa créance.

Si le locataire quitte les lieux loués avant le complet paiement des termes encore dus, sans fournir une caution jugée suffisante par le juge de paix, le propriétaire pourra réaliser le gage affecté à sa créance.

Art. 7. A défaut de se libérer de l'une des fractions exigibles à l'échéance réglée par les jurys spéciaux, et après quinze jours de retard, le locataire perdra le bénéfice des termes qui lui auront été accordés; le bail sera résilié de plein droit au profit du propriétaire, qui pourra, s'il veut se prévaloir de cette résiliation, réaliser le gage, conformément au droit commun, et rentrer en possession des lieux loués, en vertu d'une simple ordonnance de référé, que le bail soit authentique, privé ou purement verbal.

Art. 8. Dans le cas où le département de la Seine qui y est d'avance autorisé, consentirait à payer à tous les propriétaires de logements dont le prix annuel est de six cents francs ou moins, le tiers de ce qui leur restera dû par les locataires sur les termes échus en octobre 1870, janvier et avril 1871, sous la double condition que les propriétaires donneront quittance définitive du surplus et maintiendront leurs locataires en possession pour le terme d'avril à juillet prochain, l'État participera pour un tiers à ces paiements, sans que cette participation puisse dépasser dix millions de francs.

Les locataires qui auront profité du bénéfice du paragraphe précédent devront acquitter exactement le montant du terme de juillet 1871 à son échéance, sous peine d'expulsion sans congé préalable et sur simple ordre du juge de paix.

Les propriétaires ou les locataires qui feraient de fausses déclarations dans le but d'obtenir ou de faire obtenir une indemnité supérieure à celle à laquelle les propriétaires auront droit, seront poursuivis devant les tribunaux correctionnels et passibles des peines portées à l'article 405 du Code pénal. L'article 463 du Code pénal sera applicable.

Les propriétaires qui n'accepteraient pas ce règlement devront porter leurs réclamations devant les jurys spéciaux, conformément aux articles précédents.

Art. 9. Les contestations relatives à la résiliation des baux par l'effet de la force majeure, seront portées devant les tribunaux ordinaires.

Néanmoins les parties intéressées qui auront saisi les jurys spéciaux de la question d'indemnité pourront, si elles sont d'accord, donner à ces jurys, par voie d'extension de leur compétence, le droit de statuer sur la résiliation du contrat de louage.

Art. 10. Les locataires qui n'auront pas réclamé le bénéfice de la présente loi avant le 1er juillet 1871, par une déclaration au greffe de la justice de paix de leur arrondissement ou canton, seront tenus au paiement total de leurs loyers.

Les propriétaires qui, dans le même délai, n'auront pas saisi le jury spécial de leur demande conformément au dernier paragraphe de l'article 8, seront réputés avoir accepté le règlement déterminé par les deux premiers paragraphes du même article.

Art. 11. Les actes de procédure et les sentences auxquels donnera lieu l'exécution de la présente loi seront visés pour timbre et enregistrés gratis.

FIN DE LA LOI SUR LES LOYERS.

Paris. — Imprimerie J. Dumaine, r. Christine,

Chez les mêmes Éditeurs :

PROPRIÉTAIRES ET LOCATAIRES (CODE-MANUEL DES), Hôteliers, Aubergistes et Logeurs, ouvrage dans lequel sont exposés méthodiquement leurs obligations et leurs droits respectifs, avec des modèles de tous les actes sous seing privé relatifs aux locations. 4e édition, entièrement refondue et considérablement augmentée ; par EMILE AGNEL, Avocat à la Cour d'appel de Paris. 1 fort vol. in-18. 5 fr. 50

ASSURANCES (MANUEL GÉNÉRAL DES) ou GUIDE PRATIQUE DES ASSUREURS ET DES ASSURÉS, avec l'exposition méthodique de leurs obligations et de leurs droits respectifs, d'après la législation, la jurisprudence, l'opinion des auteurs, les Statuts et les Polices des compagnies d'assurances, comprenant les Assurances contre les Accidents, les Faillites, la Gelée, la Grêle, l'Incendie, l'Inondation, la Mortalité des bestiaux, les Chances du recrutement, les Procès, les Risques maritimes et les Assurances sur la vie ; par le *même auteur*. 1 vol. in-18. 4 fr. 50

CONSTRUCTIONS (CODE-PERRIN ou DICTIONNAIRE DES) ET DE LA CONTIGUITÉ. Législation complète des Servitudes et du Voisinage, du Sol bâti, cultivé ou planté ; de ses Produits, des Engrais, etc. ; des Établissements classés, des Usines, des Cours d'eau, du Drainage et des Irrigations ; du Bornage, de l'Alignement, des [illegible] urbaines et rurales ; des Voies ferrées, Routes, Chemins, etc. ; édition entièrement refondue avec indications marginales ; par M. AMBROISE RENDU, Docteur en droit, Avocat à la Cour de cassation et au Conseil d'État. 2e édition mise en rapport avec la doctrine et la jurisprudence administrative et judiciaire, par JEAN SIREY, Avocat à la Cour d'appel de Paris. 1 fort vol. in-8. 1868. 9 fr.

FAILLITES ET BANQUEROUTES Formulaire général et résumé pratique de législation, de jurisprudence et de doctrine, pour rendre pratiques pour tout la procédure et l'exercice de tous les droits en matière de faillites, contenant : les modèles des requêtes, ordonnances, jugements, rapports, bilans, inventaires, etc. ; par M. LAROQUE-SAYSSINEL, Avocat. 2e édit. conforme à la 1re. 2 vol. in-8. 14 fr.

CODE DE COMMERCE (Commentaire théorique et pratique du), et de la LÉGISLATION COMMERCIALE ; par M. ISIDORE ALAUZET, Juge au Tribunal civil de la Seine. 2e édition, revue et augmentée. 6 tomes en 7 vol. 1868-1874. 64 fr.

CHÈQUES (COMMENTAIRE théorique et pratique de la loi du 23 mai-14 juin 1865, concernant les) ; par M. L. NOUGUIER, Avocat à la Cour d'appel de Paris, avec la collaboration de M. PAUL ESPINAS, Avocat. 1865. 1 vol. in-8. 3 fr. 50

PARIS. — IMPRIMERIE J. DUMAINE, RUE CHRISTINE, 2.

www.ingramcontent.com/pod-product-compliance
Ingram Content Group UK Ltd.
Pitfield, Milton Keynes, MK11 3LW, UK
UKHW020204200726
13856UKWH00003B/1183

9 782013 079969